인문학, 인생을 완성하다
읽고 생각하며 살아가는 독서와 인생의 기술

" 고전의 매력은 질박質朴입니다.

그리고 그것은 고전이 가진 힘의 원천이기도 합니다.

즉 전혀 다듬어지지 않은 통나무와 같은 것이 고전입니다.

통나무는 식탁의 재료가 되기도 하고, 수레의 재료가 되기도 하고,

궁궐의 재료가 되기도 합니다. 통나무로 무엇을 만들 것인가

하는 것은

만드는 사람의 의지에 달려 있고, 완성된 물건은 통나무의 질감이

살아 있으면서도 만든 사람의 생각이 반영되어 있습니다.

우리는 새로운 생각이나 방법을 가지고 얼마든지 통나무를 깎아

새로운 물건을 만들 수 있습니다. 새로운 물건이 가공되지 않은

원재료를 바탕으로 만들어지는 것과 같이

새로운 아이디어는 고전을 통해 나옵니다."

< 리링李零, [집 잃은 개], 1374쪽 >

(EBS FM '고전 읽기'에서 매주 금요일 '김병완의 고전 불패'를 진행했던 '독서의 신' 10년 동안 100권의 책을 출간한 '집필의 신' 김병완 작가가 밝히는 고전과 인문학 시리즈 중에 첫 번째는 고전 시리즈로 제1권은 고전 독서 혁명_ 인간을 다시 만드는 책 읽기의 기술이며, 제2권은 고전의 신이 되어라 _ 인생을 혁명하는 즐거운 고전 읽기의 비밀이다. 그리고 이 책은 두 번째 시리즈인 인문학 시리즈로 제1권은 인문학, 인간을 깨우다 _ 삶의 본질을 발견하는 지혜의 첫걸음, 제2권은 인문학, 세상을 읽다 _ 문학·역사·철학으로 인간 세상을 탐구하다, 제3권은 인문학, 인생을 완성하다 _ 읽고 생각하며 살아가는 독서와 인생의 기술이다. 이 책은 13년 전 출간된 책의 개정 증보판입니다)

프롤로그_책(冊)! 인문학을 탐하다.

'단 한 권의 책밖에 읽지 않은 사람을 경계하라!'

 영국의 정치가 디즈레일리의 이 말은 책 읽기가 얼마나 우리의 인생에 중요한 것인지를 가늠해 볼 수 있게 해 준다. 당신은 어떤 책을 읽고, 무엇을 탐하는 사람인가? 당신이 읽는 책은 곧 당신 자신이 된다. 그러므로 어떤 책을 읽느냐 하는 문제는 당신이 어떤 사람이 될 것인가 하는 문제와 동일하다.

 프랑스의 유명한 미식가는 ' 당신이 어떤 음식을 먹는지 말해 보라. 그러면 당신이 어떤 사람인지 맞혀보겠다.'라고 말한 적이 있다. 하지만 이 말보다 더 정확하게 적용이 가능한 분야가 바로 책 읽기일 것이다.

 '당신이 어떤 책을 읽는지 말해 보라. 그러면 당신이 어떤 사람인지 맞혀보겠다.'

일본에서 자타가 공인하는 최고의 독서가 중의 한 사람

인 나루케 마코토는 시류에 편승하는 베스트셀러만 따라 읽는 사람들은 다른 사람이 터득한 요령이나 성공 비법을 따라 하기나 하는 사람이기에 동물원의 원숭이보다 더 나을 게 없다고 자신의 저서를 통해 주장한 적이 있다.

미국의 소설가 마크 트웨인Mark Twain은 더 심한 말을 했다.

" 양서 良書를 읽지 않을 바에는 아무것도 안 읽는 편이 낫다."

물론 필자는 이렇게 까지는 생각하지 않는다. 모든 책은 저마다의 가치가 있다고 생각한다. 하지만 조금 더 가치가 있는 책이 있고, 상대적으로 덜 한 책이 있다고 생각한다. 그렇다면 같은 시간, 같은 양의 독서를 한다고 볼 때, 당신은 어떤 책을 읽을 것인가? 대답은 자명하다.

우리는 우리 자신이 원숭이보다 더 나을 게 없는 존재인지, 아닌지를 곰곰이 검증해 봐야 한다. 그리고 그렇게 검증하기 위한 최고의 기준은 인간만이 할 수 있는 고유한 행위, 즉 인문학에 대한 앎과 배움이다. 그리고 그것은 인문학 독서로 시작할 수 있다.

 우리가 인문학을 탐해야 하는 이유가 있다. 그것은 인문학 독서를 하지 않는 사람은 자신의 인생에 갇혀 살게 되기 때문이다.

 누군가를 우리가 길거리에서 붙잡아서 아무것도 할 수 없는 감옥 속에 집어넣어 놓고서 나오지 못 하게 한다면 어떻게 될까? 영화 <올드 보이>처럼 누군가가 자신을 15년 동안 감금해 버린다고 생각해 보라. 우리는 참을 수 없을 것이다. 그렇다면 왜 참을 수 없을까? 그것은 어제와 다를 바 없는 고정된 삶, 수동적인 삶, 자유가 없는 삶, 성장과 발전이 없는 삶, 죽은 삶이기 때문이다.

 그렇다면 인문학 독서를 하지 않는다는 것은 어떨까? 자신이 갇혀 살고 있는 것인지도 모르면서 하루하루, 평생을 살아가고 있는 것이므로 더 심한 분노를 느껴야 정상이다. 하지만 많은 사람들이 그렇게 하지 않는다. 그래서 그들은 진짜 갇혀서 살아가고 있는 사람들이 확실한 것이다.

 인문학 독서를 하지 않는 사람들은 타인이 정해 놓은 인생을 열심히 살아 갈 뿐, 자기 생각과 상상력으로 인생이 무엇인지, 무엇을 하며 살아가야 하는지, 왜 살아가야 하는지, 인생의 참된 의미와 가치는 무엇인지, 어떤 인생을 만들어가야 하는지에 대한 사유가 부족하게 된다.

 이러한 인문학적 상상력과 사유가 결핍되어 있는 환경은 <올드 보이>에서 '오늘만 대충 수습하며 살자'라고 자신의 이름 풀이를 하는 주인공 오.대.수가 15년 동안 갇혀 살아가는 환경과 전혀 다를 바가 없는 것이다.

 8평이라는 싸구려 호텔방을 연상케 하는 제한된 감금 공간에서 자신이 왜 감금되어 있는지, 자신은 무엇을 하며 살아가야 하는지, 자신이 누구인지를 알지 못한 채 15년을 살아야 했던 오.대.수 위 삶은 인문학 독서를 하지 않고 살아가는 사람들이 자신이 누구인지, 왜 살아가야 하는지, 무엇을 하며 살아가야 하는지에 대해 사유하지 않고 살아가는 사람들의 삶과 다르지 않다.

독서를 하는 사람과 하지 않는 사람도 차이가 생기지만, 인문학적 독서를 하는 사람과 그저 베스트셀러나 읽는 독서를 하는 사람 사이에도 차이가 생기는 것은 마찬가지이다. 시류에 편승하고, 돈을 많이 벌게 해 주고, 직장에서 승진을 잘하게 해 주는 그런 책만 읽는 사람은 절대로 리더나 지도자가 될 수 없다.

리더나 지도자에게는 인문학적 상상력이 반드시 있어야 하기 때문이다. 혁신하고 창조하고 이끌어가는 사람들은 모두 인문학적 독서를 하는 사람들이다. 그런 점에서 인생에서 가장 큰 차이를 만드는 것은 인문학적 독서라고 말할 수 있다.

시류에 편승하는 베스트셀러만 읽는 사람들은 수동적으로 흘러가는 TV 영상을 멍하니 바라보는 TV 시청자들과 별반 다를 바 없다. 그래서 많은 책을 읽었다고 해도 인생이 바뀌지 않는다고 불평하는 사람들은 대부분 이런 부류의 독서를 하는 사람들이라고 보면 된다. 하지만 인문학적 독서를 하는 사람은 적극적으로 자신의 삶을 반추하며, 수 천 년이란 시간과 공간을 뛰어넘으며 풍부한 상상력의 세계에 빠져들며, 인간이란 존재의 본질에 더욱 가깝게 접근하기 위해 스스로 한발 한 발을 내딛는 사람들이라고 할 수 있다.

베스트셀러 위주의 책들은 누군가가 이미 해 놓은 생각과 경험과 노하우와 지식을 그대로 전달하는 책이기 때문에 생각할 필요가 없이 그대로 받아들인다. 그야말로 주입식이다. 하지만 인문학 도서들은 스스로 그 속에 있는 것들을 파헤치고, 발굴해 내야 한다. 그래서 능동적인 독서법이 필요한 것이다.

이런 차이 때문에 베스트셀러 위주의 독서를 해 왔던 이들은 인문학 도서를 읽는 것이 버겁고 힘들고 재미가 없고, 결과적으로 이러한 독서를 하게 되면 효과도 없게 되는 것이다. 일반적인 독서법과 인문학적 독서법은 엄밀하게 말해서 음악을 감상하는 쪽과 새로운 음악을 함께 창작해 가는 쪽으로 나눌 수 있는 것이다.

겉에서 봤을 때는 똑같이 독서하고 있지만, 한쪽은 감상하는 것이고 다른 한쪽은 창조해 나가는 것이다. 그래서 독서란 결국 자신의 사고와 의식 수준에 따라 똑같은 책을 읽어도 달라지는 것이다. 또한 그렇기 때문에 우리는 인문학적 독서법을 제대로 배워야 할 필요가 있다. 개중에는 그 차이가 무엇이 있느냐고 반문할지도 모른다. 하지만 그 차이는 너무나 크다고 할 수 있다. 오죽했으면 115권의 책을 쓴 위대한 천재 괴테가 다음과 같은 말을 했을까?

" 대부분 사람은 읽는 방법을 배우는 데 오랜 시간이 걸린다는 사실을 모른다. 나는 8년이 걸렸고, 지금도 완전하다고 말할 수 없다."

우리가 책으로 인문학을 탐해야 하는 이유는 인생을 폭넓게 살고, 심지어 여러 번 살기 위해서이다. 체코의 작가 밀란 쿤데라는 '책을 읽지 않는 사람은 한 번의 인생을 살지만, 책을 읽는 사람은 여러 번의 인생을 산다.'라고 말했는데, 책을 통해 여러 번의 인생을 살 수 있으려면 인문학적 독서를 해야 한다.

프롤로그_책! 인문학을 탐하다.

제1부. 통합적인 책 읽기의 세계에 빠져 보자.

제1장. 독서를 하지 않으면 자신의 인생에 갇히게 된다.

가장 위대한 세계는 책의 세계다.
3년 독서의 법칙을 발견하다.
3년 독서의 법칙과 10년 법칙!
독서를 하지 않으면 자신의 인생에 갇히게 된다.
인생을 경영하는 통합적인 책 읽기.
책을 읽는 즐거움이 독서의 승패를 결정한다.

제2장. 시대 흐름에 맞는 통합적인 고전 독서법
_ 기록하고 사색하고 취하고 넘치도록 !

기록하지 않으면 독서가 아니다. _ 손을 움직여라.
사색하지 않으면 독서가 아니다. _ 뇌를 움직여라.
취하지 않으면 독서가 아니다. _ 몸을 움직여라.
넘치지 않으면 독서가 아니다. _ 발을 움직여라.

부록 1 _ 문학, 역사, 철학책을 탐하는 방법(인문학 시리즈 핵심 요약)

    문학 작품을 읽는 세 가지 방법.
    문학 작품, 이렇게 읽으면 안 된다.
    역사 서적을 잘 읽는 법.
    역사 서적을 읽을 때 던져야 하는 질문들.
    철학이란 무엇이며 철학서는 어떤 책인가?

부록 2 _ 책 읽는 시간을 확보하는 방법

제1부. 통합적인 책 읽기의 세계에 빠져 보자.

" 독서의 미덕은 정신적인 경작(耕作)이라는 데 있다. 그것은 정신적인 수목(樹木)을 닮아서 몇 년 또는 몇 세대고 이어져서 해마다 새로운 잎을 낳고, 그 잎 하나하나가 부적처럼 기적을 행하는 힘이 있다."

- 토머스 칼라일 -

" 책이 책을 낳는다."

_ 볼테르 _

" 나는 책을 읽을 때 어려운 부분과 만나면 결코 과도하게 골몰하지 않는다. 한두 번 생각하다가 알 수 없을 때는 포기하고 만다. 어려운 부분에 계속 집착하면 자신과 시간을 동시에 잃고 말기 때문이다." _ 몽테뉴 _

" 너무 급하게 읽거나 너무 천천히 읽을 때는 아무것도 이해하지 못한다."

_ 파스칼 _

제1장. 독서를 하지 않으면 자신의 인생에 갇히게 된다.

"독서를 하지 않으면 '자기 생각'의 회로 안에서만 머물게 된다. 그러나 독서를 하면 상대의 회로로 드나들 수가 있다. 우습게도 좀 이상하다 싶으면 이유 없이 싫어하고 무엇이든지 정상적인 것에만 관심을 갖는 사람들이 적지 않다. 그런 사람들은 상식적인 선에서밖에 세상을 이해하지 못한다. 보통 사람들은 이제까지 배운 교육과 현실 사이에 괴리가 발생하면 혼란스러워하고 당황한다. 그리고 어떻게든 자기가 믿고 싶은 대로 합리화하고 싶어 한다. 하지만 독서를 통해 생각을 많이 하는 사람들은 다르다. 때로는 상식적으로 납득이 가지 않는 사람도, 이런 사회 현상도 현실적인 삶의 한 축으로 포용한다. 이상한 것을 이상하다고 단정 짓지 않고, 정상인 것을 단순한 정상으로 보지 않고, 그 이면에 교차한 무수한 실타래의 연관성을 주시한다. 이 같은 태도는 복잡하고 예측 불가능한 사회 현상을 이해하고 적응하는 데 꼭 필요한 능력이라 할 수 있다."

< [지식을 경영하는 전략적 책읽기] (밀리언하우스, 2007.03), 스티브 레빈 >

가장 위대한 세계는 책의 세계다.

" 인간이 자연에게서 거저 얻지 않고 스스로의 정신으로 만들어낸 수많은 세계 중 가장 위대한 것은 책의 세계다."

헤르만 헤세는 자신의 저서인 [헤르만 헤세의 독서의 기술]이란 책을 통해 이런 말을 했다. 인간이 만든 것 중에서 가장 위대한 것은 그의 말대로 책의 세계이다. 그리고 그 책의 세계는 두 가지로 나누어진다. 인문학 도서와 비인문학 도서이다.

그래서 모든 책이 다 인문학 도서는 아니다. 하지만 모든 책은 인간의 정신에서 탄생된 것이며 자연에게서 거저 얻지 않은 것이라는 점에서 동일하며, 인간의 삶을 보다 풍요롭게 해 준다는 점에서도 동일하다.

굳이 그 차이점을 나누어 보라고 한다면, 인문학 도서는 우리의 정신을 더 풍요롭게 해 주는 쪽이고, 비인문학 도서는 우리의 일상생활을 더 풍요롭게 해 주는 쪽이라고 할 수 있다. 인간답게 살기 위해 정신의 풍요로움은 더 중요하다고 할 수 있지만, 일상생활에서 어느 정도의 삶의 조건이 갖추어져 있지 않게 되면 삶은 기울어 버릴 수 있다.

그런 점에서 한쪽의 책만을 읽는다는 것은 매우 어리석은 짓이다. 하지만 지금 우리의 삶과 사회 구조는 한쪽의 책만을 읽어야 한다고 강요하는 듯하다. 학창 시절 동안 우리가 배우는 전공서 대부분은 문학을 전공하는 이들이 아니라면, 비인문학 도서가 압도적으로 높은 비율을 차지하게 되는 것은 불가피한 현실이다.

그렇기 때문에 우리는 인문학 도서를 의도적으로 읽으려고 해야 균형을 맞출 수 있게 되는 것이다. 너무나 우수한 인재들이 인문학 도서가 아닌 비인문학 도서에 치중하기 때문에 인문학적 소양을 갖추고, 인문학 도서를 탐독한 이들이 두각을 나타내고, 상대적으로 창의적이고 혁신적인 인물이 될 수 있었던 것은 어떻게 보면 매우 당연한 일인 것이다.

비인문학 도서들은 절대로 상상력을 자극하지 못 하기 때문이다. 인문학 도서들을 탐독한 이들은 상상력이 매우 뛰어 날 수밖에 없다. 동시대의 인물로서 가장 혁신적인 아이콘으로 평가받는 스티브 잡스가 최고의 혁신가라는 찬사를 받을 수 있었던 것도 그가 인문학에 심취한 인물이기 때문이다.

가장 위대한 세계는 책의 세계라고 필자가 생각하는 다른 이유 중에 하나는 책의 세계에는 차별과 불평등이 없다.

이 세상에는 차별이 있고, 불평등이 있다. 그래서 필자 같이 외모가 뛰어나지 않은 사람은 어디에 가도 차별을 받게 되어 있다. 그리고 학벌이 뛰어나지 않은 필자 같은 사람은 어디에 가도 불평등을 겪게 되어 있다.

그렇다. 세상은 불평등하고, 차별이 존재하는 세계이다. 하지만 책의 세계는 필자는 차별하지 않았다. 그리고 불평등하게 대하지 않았다. 모든 이들에게 언제나 공평하게 대하는 것이 바로 책의 세계이다. 그런 점에서 책의 세계는 위대하다고 할 수 있다.

책은 그 어떤 선생보다도 더 위대한 선생이고, 그 어떤 세계보다도 더 위대한 세계인 것이다.

 책의 세계는 그 어떤 둔재도 천재로 거듭나게 해 주고, 그 어떤 악인도 선인으로 거듭나게 해 준다.

 책의 세계가 위대한 세계인 또 다른 이유는 책을 읽은 만큼 책은 우리를 배신하지 않기 때문이다.

 책을 읽은 만큼 이 세상에 대해 알게 된다. 그리고 아는 만큼 이 세상이 보이게 된다. 그리고 보이는 만큼 이 세상에 대해 책을 쓸 수 있게 된다. 이것이 필자가 책의 세계가 위대하다고 말하는 또 다른 이유인 것이다.

 ' 읽은 만큼 알게 되고,
 아는 만큼 보게 되고,
 보는 만큼 쓰게 되고,
 쓰는 만큼 살게 된다.

 위대한 인생을 말이다. '
                                    _ 저자 _

' 3년 독서의 법칙'을 발견하다.

" 책의 세계는 정신의 자기회귀를 강화하는 고독한 성찰과 불안한 의심의 극장, 의식이 의식을 만나 협상하고 교섭하는 대화의 극장, 인간이 유한성의 조건 속에서 그 유한성에 보복할 모든 가능한 책략들을 꾸미는 음모의 극장이다."

< 도정일, [책, 세상을 탐하다] 중에서 >

이 세상에는 법칙들이 굉장히 많다. 하지만 책과 관련한 법칙은 그렇게 많지 않은 것 같다. 보통 인간의 심리와 관련된 법칙이 제일 많은 것 같다. 그래서 필자는 책과 관련된 놀라운 법칙을 하나 발견했다.

그것은 바로 '3년 독서의 법칙'이다. '3년 독서의 법칙'은 한 마디로 '3년만 집중적으로 독서를 하면 인생이 달라질 수 있다'는 법칙이다. 무슨 소리냐고? 그 증거로 필자는 수많은 인물, 즉 3년 동안 집중 독서를 해서 인생이 달라진 인물들을 들수 있다.

믿기 힘들겠지만 알게 모르게 3년 독서의 법칙을 실천하여 인생이 바뀐 인물로 소프트 뱅크의 손정의 회장, 민들레 영토를 만든 지승룡 소장, 일본의 저술왕 나카타니 아키히로, 이문열 작가, 시골 의사로 불리는 박경철 원장, 13억 중국인을 하나로 만든 중국의 국가 주석이었던 모택동, 교보문고 창립자 신용호 선생 등을 들 수 있다.

 " 남의 책을 많이 읽어라. 남이 고생한 것을 가지고 쉽게 자기 발전을 이룰 수 있다."

 고대 그리스 철학자 소크라테스의 이 말처럼, 3년 동안 많은 책을 읽으면 쉽게 자기 발전을 이룰 수 있다.

 일본 IT의 산 역사가 된 소프트 뱅크의 손정의 회장은 어린 시절 '조센징'이라는 놀림을 받으면서도 차별이 심한 일본에서 '인터넷 황제'가 되었다. 가난한 탄광 노동자의 손자로 태어난 그가 일본제일 부자라는 명칭이 따라 다닐 정도로 큰 성공을 이룩할 수 있었던 원동력은 무엇이었을까?

그의 눈부신 성공의 원동력은 다름 아닌 '3년 동안의 집중적인 독서 경험' 이었다.

" 26살부터 3년 동안 간염으로 입원하여 투병생활을 하였다. 아무것도 할 수 없어서 책을 읽으며 시간을 죽이고 있었다. 그러다가 책을 한번 제대로 읽어보자는 생각이 들기 시작했다. 그래서 그날부터 책만 읽었다. 3년 동안 4000권의 책을 읽었다. 그 기회를 살려서 인생의 그림을 그렸다. 그 3년의 결행이 나의 평생을 보장했다. - 소프트뱅크의 손정의 사장 - "

< 조용상, [생존력], 200~201쪽 >

많은 이들에게 안락한 휴식처를 제공하는 민들레 영토를 만든 지승룡 소장은 목회를 실패하고, 이혼을 하고, 사회의 낙오자가 되어 방황을 하던 시절이 있었다. 누군가를 만나는 것 또한 버거웠다. 인생의 패배자로 밑바닥을 경험하던 그 시절에 그는 어떻게 해서 다시 재기에 성공하여 지금은 중국과 미국에도 진출을 하는 토종 카페의 대표로 성공의 길을 갈 수 있게 된 것일까? 그로 하여금 낙오자에서 성공한 사업가로 인생 역전을 가능하게

해 준 것은 무엇이었을까?

 그것은 다름 아닌 '3년 동안의 집중 독서'였다.

 " 그 무언가가 절실하게 필요했다. 그때 생각난 게 책이었다. 3년 동안 2,000권의 책을 읽다…….
< [민들레영토 희망스토리], 3~4쪽 >

 " 36세의 내가 무엇을 해야 하는지 고민을 하는 동안 시간은 속절없이 흘러갔다. 나는 3년 동안 도서관에서 책을 읽으면서 스스로 운명을 바꾸었다." < [민들레영토 희망스토리] 25쪽 >

 불우한 환경과 형편, 건강문제 등으로 인해 초등학교조차도 제대로 졸업하지 못 한 대산 신용호 선생은 어떻게 해서 한국의 교육보험과 서점의 역사가 된 교보생명과 교보문고의 창립자가 될 수 있었을까? 정규교육을 제대로 받지 못 한 그로 하여금 큰 성공을 할 수 있도록 해 준 것은 무엇일까?

그것은 그가 선택한 천일독서(千一讀書), 즉 '3년 동안의 집중 독서'였다.

일본의 저술왕 나카타니 아키히로는 우리에게도 잘 알려진 베스트 셀러 작가이다. [20대에 하지 않으면 안 될 50가지] [30대에 하지 않으면 안 될 50가지] [면접의 달인] 등 그의 책 제목을 들으면 한 번쯤은 읽어 본 적이 있는 책들일 것이다. 그는 소설가에, 광고 기획자에, 텔레비전 MC에, 드라마에, 버라이어티 쇼에, 라디오에 출연할 정도로 많은 일을 해 내면서도 한 해 평균 60권 안팎의 책을 써 내는 다작가이다. 과연 그는 어떻게 이 많은 일들을 해 낼 수 있는 것일까? 어떻게 베스트셀러 작가가 될 수 있었던 것일까?

그의 원동력은 '3년 동안의 집중 독서'라고 할 수 있다. 그는 사실 3년 동안 3,000권을 읽었고, 여기에 1년 더 읽어서, 대학 4년 동안 4,0000권의 책을 독파해 낸 사람이었다.

시골 의사로 불리는 박경철 원장은 의사이면서도 어떻게 베스트 셀러 작가가 될 수 있었던 것일까?

그의 원동력도 역시 '3년 동안의 집중 독서'라고 할 수 있다.

그는 중학교 3년 동안 수업만 끝나면, 도서관으로 달려가서 새벽까지 닥치는 대로 책을 다 읽어 버리는 폭발적인 집중 독서 경험을 가지고 있는 인물이었다. 평범한 자신과 같은 사람이 책을 한 권이라도 써 낼 수 있는 원동력의 8할이 바로 독서 때문이었다고 그는 말한다.

한국 역사상 최초로 노벨상을 받게 된 김대중 전 대통령은 독재와 탄압 속에서도 놀라운 정신력으로 이겨내고, 대통령이 되어, 한국의 '민주'와 '통일'이라는 큰 업적에 한 획을 그었다. 뿐만 아니라, 자신을 탄압한 전 대통령에 대해 어떠한 정치적 보복도 하지 않는 금도(襟度)를 보여 주었다. 한 마디로 한국 역사의 큰 인물이며, 세계적인 인물이다. 그로 하여금 역사적인 거인이 되게 해 준 원동력은 무엇이었을까?

그것은 바로 '3년 동안의 집중 독서 경험'이다.

그의 자서전을 보면 그는 4년여의 감옥 생활을 통해

아무런 구애를 받지 않고 독서에 몰입할 수 있었던 그 경험을 통해 보석과 같은 삶의 진리를 체득할 수 있었다고 밝히고 있다.

대학교 4학년 때 불치병인 '근육무기력증'이라는 큰 병에 걸려, 큰 시련과 좌절을 겪게 된 이랜드그룹의 박성수 회장은 어떻게 해서 그것을 견디어 내고, 이랜드그룹의 창업자가 될 수 있었던 것일까?

그 원동력은 2년 6개월, 즉 거의 '3년 동안의 집중 독서 경험'이었다. 그는 병상에서 3,000권의 책을 독파했다.

5천만 명이 안 되는 나라에서 무려 천만 권이 넘게 읽힌 소설을 쓴 대작가인 이문열 작가를 탄생시킨 것은 무엇일까?

그것은 바로 '3년 동안의 집중 독서 경험'이었다.

"이문열씨가 북에서 잘 나가던 아버지 때문에 젊

은 날의 꿈을 접어야 했을 때 3년 동안 1,000권의 책을 읽고 작가가 되었다는 글을 읽은 적이 있다. 그때 나는 알았다. 3년 동안 1,000권의 책을 읽으면 인생이 바뀐다는 것을. 그전까지 그는 작가지망생이 아니었다 " < 이희중의 문학편지 중에서 >

" 책을 읽기만 하면 큰 사람이 될 수 있다고? 그건 착각이다! "

우리는 보통 책을 읽으면 큰 사람이 될 수 있다고 생각한다. 그래서 많은 사람들이 책을 읽으라고 자녀들에게 권하고 있다. 물론 이것은 틀린 말이 아니다. 하지만 과연 무조건 책을 읽는 다고 큰 사람이 되는 것일까? 물론 훌륭한 사람이 되기 위해 이것은 매우 비중 있는 요인이기는 하다. 하지만 그것이 결정적인 요인일까? 필자는 절대 그것이 아니라고 말하고 싶다. 우리 주위에는 무수한 독서광들이 있다.

하지만 무수한 독서광들이 있지만, 그들이 모두 큰 사람이 되어, 역사의 한 페이지를 장식하는 것은 아니다. 오히려 책을 많이 읽었지만 큰 성공을 하지 못하고 그저 그렇게 살아 가는 사람들의 비율이 책을 읽어서 큰 성공을 한 사람들보다 훨씬 더 크다고 생각한다.

그 이유는 무엇일까?

그 이유는 책을 통해 성공하는 법칙이 엄연히 존재하지만, 그것을 발견하지 못하고, 그 법칙대로 책을 읽지 않았기 때문이다. 이것은 독서에 있어서 가장 중요한 두 가지 요소를 미처 발견하지 못한 채 수박 겉핥기식으로 독서를 하기 때문이다. 이 두 가지 요소는 이 책의 핵심 내용인 제 2 부 3년 독서의 법칙에서 공식과 함께 자세히 소개 했다.

똑같이 책을 읽었는데 누구는 거인이 되고, 큰 성공을 하는데, 당신만 평범하게 살아간다면 너무 억울하지 않을 까? 그것도 책을 읽지 않은 것도 아닌데 말이다.

수많은 위대한 위인들의 삶을 조사해 본 결과, 위인들은 모두 운이 좋게도 혹은 운명적인 상황이나 불가피한 여건으로 인해서 어쩔 수 없이, 두 가지 조건을 충족시키면서 책을 읽을 수 있었던 행운아(?)였다는 사실을 필자는 발견했다.

그래서 이 두 가지 조건을 충족시키는 독서를 할 때, 둔재가 천재로 거듭나게 되고, 나약하고 소심하기까지 한 사람들이 대범하고 위대한 사람으로 바뀌게 된다는 사실을 필자는 확신하게 되었고, 그 이야기를 하고자 하는 것이 바로 이 책이다.

" 마법의 3년, " 3년 독서의 법칙"을 알아야 한다.
"

13억 중국인을 하나로 만든 중국의 국가 주석이었던 모택동 역시 학교를 다니는 것 대신에, 도서관에만 파 묻혀 일정 기간을 독서에만 몰두한 " 집중 독서 경험"이 있었다는 사실을 아는가? 발명왕 에디슨 역시 12세 무렵을 전후로 하여 도서관에 있는 책을 모조리 독파해 버렸던 그런 " 집중 독서 기간"이 알게 모르게 있었다는 것을 아는가? 그는 디트로이트 시립 도서관의 책을 모두 읽었던 집중 독서의 시기가 그의 인생에 있었다. 3중고의 장애에도 불구하고, 위대한 인생을 살다 간 헬렌 켈러 여

사에게도 일정 기간의 "집중 독서 기간"이 있었다는 사실을 아는가? 아인슈타인, 처칠, 존 스튜어트 밀 등의 인물도 부모로부터 "집중적인 독서 훈련"을 받았던 적이 있다는 사실을 아는가?

이들 모두 '3년 독서의 법칙'에서 제시하는 두 가지 조건을 충분히 충족시켰기 때문에 성공과 인생 역전이 가능했던 것이다.

이 법칙의 위력은 어떤 재주나 기술을 연마시켜 주는 것이 아니라, 주어, 독서의 임계점(臨界點)을 넘게 해 주어, 사람 그 자체라고 할 수 있는 의식과 사고를 비약적으로 향상시켜 준다는 데 있다.

"많은 것을 변화시키고자 한다면, 많은 것을 받아들여라."고 말한 철학자 사르트르의 조언대로, 많은 책을 읽은 사람이 단 한 권의 운명적인 책을 읽은 사람보다 훨씬 더 나은 삶을 살아 갈 수 있다. 한 권의 책을 읽는다는 것은 단 하나의 멋진 우물을 경험한다는 것이다. 그 우물이 정말 멋지고, 크다면, 그것으로 될 것이다. 하지만 이 세상에 그 어떤 명저도 나머지 구백구십 구권을 합쳐 놓은 것보다 더 클 수 있는 책이 과연 있을까?

수천 권의 책을 읽은 사람은 수 천 개의 우물을 경험한 것과 다름없으며, 수천 개의 우물이 3년이라는 짧은 시간에 한 사람의 정신과 마음과 의식이라는 장소에 모이게 되면, 그것은 한 번도 경험해 보지 못한 거대한 사고의 바다가 형성되는 것이다. 그러한 거대한 사고의 바다를 경험해 본 적이 있는 사람과 없는 사람의 차이를 어떻게 말로 설명할 수 있을까? 필자는 못 한다. 그 엄청난 차이를 인간의 제한적인 언어로 표현할 수 없다고 필자는 결론 지었기 때문이다.

3년 독서의 법칙에는 두 가지 조건이 있다.

첫째: 독서한 양이 1,000권이 넘어야 한다.
둘째: 독서하는 데 걸린 시간이 1,000일(3년) 이내여야 한다.

3년 독서의 법칙과 10년 법칙 !

10년 법칙은 어떤 분야에서 최고 수준의 성과와 성취에 도달하려면 최소 10년 정도는 집중적인 준비를 해야 한다는 사실을 밝혀낸 법칙이다.

즉 자신이 작곡가가 되고 싶다든지, 아니면 과학자가 되고 싶다든지, 혹은 예술가나, 무용가가 되고 싶다면, 최소한 그 분야에서 10년 이상을 꾸준히 노력해야 그 분야에서 인정받는 대가가 될 수 있다는 법칙이다.

10년 법칙은 이미 자신이 무엇이 될 것인지, 그리고 자신의 분야를 선택하고 나서, 십 년 이상 꾸준히 노력하면, 그 분야에서 성공할 수 있다는 것을 여러 사람의 삶을 통해, 입증해 낸 법칙이다.

모차르트를 비롯해 수많은 천재와 위대한 사람들이 이 법칙의 사례에 속한다는 것을 책을 통해 우리는 알고 있다.

그렇다면 3년 독서의 법칙은 정확히 말해 10년 법칙

과 어떻게 다른 것인가?

먼저 3년 독서의 법칙의 경우에는 반드시 독서라는 행동이 주제라는 점이다. 반면에 10년 법칙은 독서와 상관없이 자신이 선택한 분야에서 선택한 행동을 10년 동안 꾸준히 연마하는 것이다.

또한 3년 독서의 법칙의 경우가 10년 법칙과 매우 다른 것은 3년 독서의 법칙은 자신이 앞으로 어떤 삶을 살며, 무엇을 해야 할지, 어떻게 살아야 할지조차 발견하지 못한 사람들이 실천하기에 아주 좋은 법칙이다.

그래서 자신의 분야를 정한 사람들뿐만 아니라, 자신이 앞으로 어떻게, 무엇을 하며 살아야 할지를 정하고자 하는 사람들이 이 법칙을 통해, 자신의 삶의 방향과 분야와 진로를 선택할 수 있게 된다는 점에서 확실한 차이가 있다.

뿐만 아니라, 3년 독서의 법칙은 어떤 특정 분야에서 전문가를 만들어 주는 법칙이 아니다. 10년 법칙의 경우에는, 10년 동안 한 분야에서 꾸준한 연습과 노력과 훈련을 하면, 그 분야에서 전문가가 될 수 있는 법칙인데 반해, 3년 독서의 법칙은 어떤 분야에서 전문가를 만들어 주는 법칙이 아니라, 어떤 분야에서 어떤 일을 하더라도 이 법칙을 실천하기 전보다 훨씬 더 잘 할 수 있는 지혜와 통찰력이 가득 찬 사람, 즉 기본기가 제대로 착실히 갖추어진 사람으로 성장과 발전을 시켜 주는 법칙이다.

3년 법칙을 통해, 사고와 의식 수준이 높은 수준으로 도약하는 것은 10년 법칙을 실천하면, 자신이 선택한 분야에서 기술이나 재능이 비약적으로 도약하는 것을 경험하는 것과 같은 원리이며 이치이다. 하지만 3년 독서의 법칙은 그것이 특정한 기술이나 재능이 아닌, 인간의 사고와 의식 수준이라는 점에서 차이점이 확연하게 있다고 말할 수 있다.

앞에서도 언급했듯이 10년 법칙의 경우에는 독서 즉 책을 통해 연습이나 훈련하는 것이 아니라, 자신이 선택한 분야의 일이나 활동을 통해, 연습하고, 훈련을 하지만, 3년 독서의 법칙은 반드시 책을 통해, 자신의 사고와 의식 수준을 향상시키는 연습과 훈련을 한다는 점에서도 명백한 차이점이 있다.

10년 법칙은 나무에 열매를 맺게 되는 법칙이라면, 3년 독서의 법칙은 얼마나 큰 나무로 대성할 것인지를 결정짓는 과정이며, 어떤 씨를 뿌릴 것인지에 대한 법칙이라고 할 수 있다. 그리고 그 씨앗의 종류를 결정짓는 것이 바로 3년 독서의 법칙이라고 할 수 있다.

10년 법칙을 통해 큰 성과를 얻기 위해서는 그것에 도전하는 사람들이 ' 이 분야에서만큼은 최고가 되고 말 거야' 하는 각오와 열정을 품어야 한다. 하지만 3년 독서의 법칙의 경우에는 이것과 매우 다르다. 그저 마음을 비우고, 책과 하나가 되어, 책의 세계에 푹 빠져들면 그것으로 되는 것이다. 물론 책을 읽을 때, 자신을 낮추고, 책에서 주장하는 내용에 대해 겸허히 받아들이고, 많은 것을 배우고자 하는 겸손한 마음은 필수적으로 필요하다. 하지만 세상의 부와 명예, 권력, 인기, 명성에 대한 어떠한 집착도, 미련도 가져서는 안 된다. 심지어, 지식이나 정보를 얻고자 하는 욕망도 내려놓아야 한다.

그러한 욕망을 가지게 되면, 다양한 분야의 책을 읽을

수 없게 된다. 돈과 관련된 분야의 책만 많이 읽거나, 많은 정보를 주는 그런 책들만 많이 읽게 되어, 사람을 편협하게 만들고, 욕심과 이기심에 가득 찬 사람으로 만들 수 있다. 위대한 위인들은 오히려 순수한 인문 고전 중심의 독서를 많이 했고, 백과사전, 물리, 과학, 역사, 지리, 미술, 예술 등과 같은 순수 학문 쪽의 책을 더 많이 읽었다는 사실을 알고 있는가?

우리가 3년 독서의 법칙을 실천할 때, 반드시 명심해야 하는 것은 돈이 되지 않을 것 같고, 도움이 되지 않을 것 같은 그러한 분야의 책들에도 변함없이 빠져 들어야 한다는 것이다. 이러한 분야가 오히려 더 큰 돈을 불러들이게 해 주는 마법을 발휘한다는 사실을 나중에는 깨닫게 될 것이다. 그렇기 때문에, 순수하게 독서를 즐기며, 독서에 미쳐서, 온갖 책의 바다에 빠지는 것이 필요하다.

이것은 독서를 즐기는 독서가와 무엇인가를 배우고자 의지적으로 노력하는 학자와 다른 것과 같은 이치이다. 버지니아 울프는 학자와 독서가의 차이에 대해 말한 적이 있는 데, 이것은 10년 법칙과 3년 독서 법칙의 차이와 매우 흡사하다.

" 학자는 앉아서 집중하는 고독한 사람으로, 자신이 열망하는 특별한 진리의 씨앗을 찾아 책을 열성적으로 뒤적거린다. 책을 읽는 재미에 빠지면 그가 얻으려는 소득이 줄어들고, 힘들게 얻은 것마저 부지불식간에 빠져나간다. 반면에 독서가는 처음부터 뭔가를 배우려는 욕심을 억눌러야 한다. 책을 읽다 보면 지식이 어쩔 수 없이 더해지게 마련이다. 그러나 지식을 계속 추구하고 체계적으로 독서하며 전문가나 권위자가 되려 한다면, 순수하고 사심 없는 독서를 향한 한층 인간적인 열정을 유지하는 데 필요한 마음가짐은 사라지기 십상이다."

알베르토 망구엘이 쓴 [밤의 도서관]이란 책에 나오는 대목이다. 10년 법칙이 자신이 선택한 분야에서 인정받고, 전문가가 되기 위해, 피나는 노력과 훈련을 해야 하는 것은 학자들이 무엇인가를 배우고, 성취하기 위해, 앉아서 부단히 집중하고, 노력해야 하는 것과 매우 닮아 있다. 그리고 3년 독서의 법칙은 책의 세계에 오롯이 자신을 던져, 책과 함께 하나가 되고, 다른 번잡한 마음을 다 벗어 놓고, 오직 책만 읽어야 하기 때문에, 돈이나 권력이나 명예를 쫓아가지 않고, 순수하게 책에 미쳐야 하는 것은, 독서가들이 순수하게 사심 없이 열정적인 독서하는 것과 매우 닮아있다.

　　10년 법칙의 경우에는 어떤 분야의 기술이나 재주를 연마해야 한다. 그래서 몸과 관련이 있다. 하지만, 3년 독서의 법칙의 경우에는 어떠한 기술이나 재주를 연마하는 것이 아니라, 우리의 마음과 관련된 의식과 사고를 향상시키는 것이며, 다양한 경험을 사고를 통해 한다는 데 있다. 그래서 마음과 관련이 있다. 그리고 바로 이러한 근본적인 차이로 인해, 10년 법칙은 최소 10년 이상을 꾸준히 연습해야 하지만, 3년 독서의 법칙은 3년 정도의 단기간에 성취가 가능한 것이다. 다시 말해, 몸으로 큰 성취를 하기 위해, 몸이 완전히 무엇인가를 체화하기 위해서는 최소 기간이 10년이라면, 마음과 의식의 큰 변혁을 이루기 위해, 마음과 의식이 완전히 달라지기 위해서는 최소 기간이 3년 이라고 할 수 있다.

　　10년 법칙은 인간의 외적인 것을 만들어 주는 법칙이다. 그렇다면 3년 독서의 법칙은 인간의 내적인 것을 만들어 주는 법칙이다. 그리고 좀 더 정확히 말한다면, 10년 법칙은 자기 자신을 외부의 것, 즉 어떤 분야의 전문가로 만들어 주지만, 3년 법칙은 자기 자신을 더욱 더 자신답게 만들어 준다. 자기 자신이 누구이고, 어떤 삶을 살아가는 것이 가장 나은 삶의 길인지를 알게 해 주기 때문이다.

"10년 법칙은 자신을 전문가로 발전시켜, 명품 인생을 살 수 있게 해 주는 법칙이라면, 3년 독서의 법칙은 자신을 명품 그 자체, 즉 위대한 존재로 성장시켜 주는 법칙이다."

어디선가 직업(職業)이란 단어를 가지고, 아마추어와 프로에 대해 비교를 한 문장을 봤는데, 그 말이 너무 좋은 설명이라, 아직도 기억하고 있다. 즉 직(職) 중심의 아마추어는 "자리"에 목숨을 걸고, 업(業) 중심의 프로는 "의미"에 목숨을 건다는 말이었다. 그래서 아마추어는 남에게 보여 주기 위해 자신을 다그치지만, 프로는 자신의 발전을 위해 혼신의 노력을 기울인다. 이런 점에서 10년 법칙은 자신이 대가가 되어, 인정을 받고, 타인에게 자신의 실력과 재주와 재능을 보여 주는 것이라고 생각할 수 있다. 하지만 3년 독서의 법칙은 무엇보다 타인에게 보여 줄 것이 하나도 없다.

어떠한 전문가라는 자리도 추구하지 않고, 심지어 돈이나 물질도 추구하지 않는 다. 오로지 자신의 발전을 위해 3년이란 기간 동안 책과 하나 되며, 혼신의 노력을 기울인다. 외면보다, 보이는 것보다 보이지 않는 내면과 정신, 지혜를 가꾸는 것이 3년 독서의 법칙의 요체인 것이다.

[논어]에 보면 공자는 군자불기(君子不器)란 말을 한 적이 있다. 이 말의 뜻을 해석해 보면, 군자는 어떤 모양이나 틀이 정해져 있어서, 어떤 용도에만 국한되는 그런 그릇이 아니라는 뜻이다. 다시 말해 군자는 자신의 분야에만 정통하여, 어떤 한 분야에만 전문가가 되는 것이 아니라, 다양함을 받아들이고, 다양하고 폭 넓은 분야에 대해 넓고 깊은 식견과 통찰력을 갖춘 사람이기 때문에, 어떤 한 가지 용도로만 쓰이는 그런 전문가의 한계를 벗어날 수 있어야 한다는 것이다. 그런 의미에서 10년 법칙은 전문가를 만드는 법칙이지만, 3년 독서의 법칙은 군자를 만드는 법칙이라고 할 수 있다.

이처럼, 10년 법칙과 3년 독서의 법칙은 얼핏 비슷해 보이지만, 그 속을 들여다보면, 전혀 다른 법칙이라는 것을 알 수 있다.

독서를 하지 않으면 자신의 인생에 갇히게 된다.

" 우리가 읽는 책이 우리 머리를 주먹으로 한 대 쳐서 우리를 잠에서 깨우지 않는다면, 도대체 왜 우리가 그 책을 읽는 거지? 책이란 무릇, 우리 안에 있는 꽁꽁 얼어버린 바다를 깨뜨려 버리는 도끼가 아니면 안 되는 거야."
_ 프란츠 카프카, [변신] 중에서 _

이 말은 우리가 왜 책 읽기를 해야 하는지? 그리고 좀 더 나아가서 책읽기의 궁극ㅈ거인 목적은 무엇인지에 대해 생각해 보게 만든다. 그것도 아주 적나라하게 말이다. 우리가 읽는 책이 그저 알량한 지식이나 정보를 제공해 주는 것에 그친다면 우리는 절대로 책을 통해 우리의 삶을 변화시키지 못한다.

자동차 매뉴얼이나 휴대폰 매뉴얼이 책이 아닌 이유가 바로 이것이다. 그것들은 종이와 글자와 그림으로 구성되어 있음에도 우리가 말하는 책이 아니다. 책이 가져야 할 요소 중에 가장 중요한 요소들이 대거 생략되어 있기 때문이다.

이러한 매뉴얼을 평생 읽는다고 책을 읽었다고 하지 않는다. 그것은 매뉴얼이기 때문이다. 우리가 책을 읽는 궁극적인 목적은 우리의 머리를 깨우기 위해서다. 다시 말해 우리 안에 갇혀서 살고 있는 우리의 의식과 사고를 깨어 버리고, 그곳에 새로운 의식과 사고를 집어넣기 위해서이다.

 그리고 이것은 다시 말해, 기존의 편협하고 어리석은 의식과 사고의 수준을 최대한 극대화 시켜 의식과 사고의 도약을 이룩하기 위한 것이다.

 헤르만 헤세는 잘못된 독서는 무엇보다도 자기 자신에게 부당한 것이라고 설파했다. 시간과 정력을 소비하며 일절 도움도 안 되고, 소화해내지도 못할 글들로 뇌를 혹사하는 짓이 잘못된 독서라고 그는 말한다.

 " 대부분의 사람들이 독서를 제대로 이해하지 못하며, 왜 책을 읽는 지조차 정확히 모른다. 어떤 이들은 독서를 '교양을 쌓기 위해 힘들지만 부득불 걸어야 할 길'로 생각하며 잡다한 독서를 통해 상당한 '교양을 쌓는

다' 또 누구는 독서란 그저 시간을 죽이기 위한 가벼운 소일거리라고 여겨 무슨 책을 읽든지 간에 지루하지만 않으면 어차피 다 똑같다고 생각한다."

< 1쪽, [헤르만 헤세의 독서의 기술] >

 책 읽기의 궁극적인 목적은 교양을 쌓기 위해서도 아니고, 가벼운 소일거리이기 때문도 아니다. 그렇다고 현실 도피 혹은 자신을 잊기 위해서도 아니다. 책 읽기의 궁극적인 목적은 인생의 성숙이다. 자신과 자신의 일상을 잊고자 함도 아니고, 교양을 쌓기 위해서도 아니다. 이와는 반대로 의식적으로 자신을 더욱 더 성숙하게 하여 자신만의 삶을 더욱 더 단단히 붙잡게 하기 위해서이다.

 하지만 바쁘게 살아 움직이는 현대로 오면서, 경쟁 사회는 우리로 하여금 독서의 목적을 크게 변절시켰다. 문화 평론가 박민영씨는 자신의 저서를 통해 이러한 사실에 대해 다음과 같이 설명한다.

 "포스트모던 시대에 책은 더 이상 절대적인 지위를 갖고 있지 않다. 책은 정보 습득을 위한 여러 매체 중 하나로 인식될 뿐이다. 사람들은 인터넷에서 정보를 찾듯이 책에서 정보를 찾는다. 인격 수양, 진리 탐구, 지혜 획득, 사회 변화 방편으로써의 책읽기는 퇴색되고, 단지 직장 생활을 잘 하기 위해, 돈을 벌기 위해, 학점을 잘 따기 위해 책을 읽는 사람들이 늘고 있다. 독서 목적이 크게 바뀌어 가고 있는 것이다." < 50쪽, [책 읽는 책], 박민영 >

 그렇다. 그의 말대로 책 읽기의 궁극적인 목적이 크게 바뀌어 가고 있다. 그래서 우리는 더 더욱 인문학 독서를 해야 할 필요성이 커지게 되는 것이다. 인문학 독서의 목적은 일반도서의 독서 목적과 크게 다르기 때문이다.

 책을 읽는 다는 것은 우리의 영혼을 풍요롭게 한다는 그 목적이 있다. 하지만 지금 서점에 가 보면 처세술과 재테크 그리고 각종 수험 관련서, 전공 서적 등이 독차지하고 있다. 우리의 영혼을 풍요롭게 해 주는 인문학 도서는 자꾸만 눈앞에서 사라져 가고 있는 실정이다.

" 평소에 독서를 하지 않는 사람은 시간적으로나 공간적으로나 자기 하나만의 세계에 감금되어 있다. 그러나 그러한 사람들이라도 손에 책을 들기만 하면 생각조차 하기 어려운 별천지에 있는 자신을 발견할 것이다."

중국의 작가이자 문명비평가인 임어당의 이 말은 우리가 왜 독서해야 하는지에 대해 정확하게 설명하고 있는 말이다.

하지만 이렇게 독서를 통해 자신의 인생과 사고의 틀 속에 갇히지 않기 위해서는 절대로 다른 사람이나 다른 의견을 반대하기 위해, 논쟁하기 위해, 자신의 주장을 펴기 위해 책을 수단으로 삼지 않아야 한다.

" 반대하거나 논쟁하기 위해 독서하지 말라. 그렇다고 해서 있는 그대로 수용하기 위해서도 독서하지 말라. 그저 자신이 생각하고 연구하기 위해서 독서하라."

프랜시스 베이컨의 이 말은 우리가 독서하는 목적에 대해 이야기 해 주는 것 같지만 필자는 그의 이 말을 통해 좀 더 다른 견해를 얻게 되었다.

논쟁에서 누군가의 의견에 반대하기 위해서, 즉 자신의 의견의 근거를 확보하기 위해서 책을 읽게 되는 것은 우리가 경계해야 하는 최악의 독서법이다. 그리고 그가 주장하는 독서의 순수한 목적은 생각하고 연구하기 위한 것이다.

필자는 그가 주장하는 순수한 독서의 목적이자 기능인 생각하고 연구하기 위한 것은 독서의 목적이면서도 동시에 독서의 순수한 과정이라고 생각한다. 독서를 하면서 우리는 생각하고 연구할 수 있게 되고, 좀 더 다양한 방식으로, 폭 넓게 사유를 확장시켜 나간다. 즉 사고력을 향상시키는 것이 바로 독서를 하면서 우리가 얻게 되는 유익함 중에 하나라는 것이다.

통합적인 책읽기가 우리에게 부여해 주는 것은 그것을 통해 우리는 생각하는 방법을 배울 수 있게 된다는 것이다. 단편적인 책 읽기 혹은 지식이나 정보 혹은 기술의 습득을 위한 책 읽기나 교양을 위한 책 읽기는 우리에게 생각하는 방법을 배울 수 있게 해 주지 않는 다.

통합적인 책읽기가 가능한 독서는 인문학 독서이다. 인문학 독서를 할 때 우리는 사유를 확장시켜 나갈 수 있게 된다. 실용서나 참고서, 교과서를 수백 번 읽었다고 해서 사유를 확장시킬 수 없는 이유가 바로 이것이다. 그런 독서는 비인문학적 독서이고, 통합적인 책읽기가 아니기 때문이다.

인생을 경영하는 통합적인 책 읽기.

" 책 읽는 습관을 기르는 것은 인생에서 모든 불행으로부터 스스로를 지킬 피난처를 만드는 것이다."

서머싯 몸의 이 말은 책 읽는 습관이 인생을 잘살아나갈 수 있는 좋은 습관임을 말해준다. 하지만 필자는 여기서 한 발 더 나가서 책 읽기는 우리의 인생에서 모든 불행으로부터 스스로를 지킬 피난처를 만드는 소극적인 행위가 아니라 우리의 인생을 훨씬 더 행복하게 만들어주는 적극적이고 능동적인 행위이며 나아가 자신의 인생을 경영하는 창조적이고 주도적인 행위라고 말하고 싶다.

 소극적인 행위의 책읽기가 되는 이유 중에 하나는 남에게 아는 척 하기 위해서, 그저 지식만을 쌓기 위해서 책을 읽고자 할 때 그렇게 된다. 하지만 남에게 아는 척 하기 위해서 책을 읽지 않고, 자신을 성장시키기 위해 책을 읽는 사람들은 타인이 아닌 자기 자신의 편견과 무지를 일깨워주고, 깨뜨려 준다. 그 결과 자신의 성장과 발전을 추구할 수 있고, 그것은 결국 자신의 인생을 경영하는 데 이르게 해 준다.

통합적인 책읽기는 자신이 아무것도 알지 못 하고 있다는 사실에서 비롯되어야 한다. 조금이라도 자신이 무엇을 알고 있다고 생각하는 순간 그 책과 대립되기 시작한다. 물론 실용서나 일반 도서를 읽을 때는 이러한 자세가 필요할 수 있다. 하지만 인문학 독서는 지식의 유무와 아무런 상관이 없다. 그저 백지장에 그림을 하나씩 그려 나가는 마음으로 읽어야 한다.

 어린 아이의 마음, 겸손한 마음으로 인문학 독서를 할 때 비로소 통합적 책 읽기가 가능하게 되고, 그것은 인생을 새롭게 태어나게 할 수 있기 때문에 최고의 인생 경영법이기도 하다. 인생을 경영한다고 해서 외적으로 시간을 철저하게 관리하고, 목표를 설정하고, 그 목표를 향해 끊임없이 내달리는 것만을 생각해서는 안 된다.

 참 된 인생 경영은 외적인 변화가 아니라 우리 내면에서부터의 변화가 일어나야 한다. 내면에서 변화된 만큼 우리의 인생은 변하게 되어 있다. 내면에서부터의 진정한 변화는 통합적인 책읽기, 즉 인문학 독서를 통해 비로소 가능하다.

좋은 책이라고 해서 반드시 인문학 서적이라고 할 수는 없다. 하지만 좋은 책의 조건을 몇 가지 제시할 경우, 그 조건을 골고루 다 만족하는 책들을 100권 정도 선정을 해서 보면, 95% 이상인 95권의 책들이 인문학 서적들이 될 것이다.

결국 좋은 책이란 인문학 서적들이고, 나쁜 책이란 비인문학 서적들이란 공식이 도출된다. 하지만 여기에는 맹점이 있다. 좋은 책의 조건을 삶의 가치를 드높이고, 자신의 편견을 깨게 도와주고, 자신에게 그리고 자신의 삶을 향해 정면으로 근본적인 질문을 던지는 것이라고 할 경우 이러한 공식은 어느 정도 맞는다고 할 수 있다.

하지만 좋은 책의 조건을 돈을 많이 벌게 해 주고, 즉 부자가 되게 해 주고, 직장에서나 직업에서 성공하게 해 주고, 좋은 인간관계를 맺을 수 있고, 타인에게 사기당하지 않고, 상대방을 잘 활용해 먹을 수 있게 해 주는 그런 조건들이라고 할 때, 이 공식은 틀렸다고 할 수 있다.

결국 좋은 책이란 사람마다 달라질 수 있다는 것이다. 자기 자신에게 좋은 책은 자기 자신에게 가장 큰 감동과 재미와 교훈과 근본적인 질문을 주고, 자신의 편견과 아집을 깨뜨릴 수 있고, 자신의 성장과 발전을 이룰 수 있는 그런 책이다. 하지만 자기 자신에게 좋은 책이라고 해서 다른 사람, 즉 동료나 가족이나 친구들에게 똑같이 좋은 책일 수는 없다는 것이다.

 사람들마다의 환경과 처지, 의식과 사고 수준에 따라 좋은 책은 달라질 수밖에 없다. 모든 책이 인문학 도서는 아니지만, 그럼에도 책은 저마다의 가치가 있는 이유가 이것이다.

책을 읽는 즐거움이 독서의 승패를 결정한다.

책에 죽고 책에 사는 독서광들의 공통점은 책을 읽은 즐거움을 안다는 것이다. 이들에게는 책을 읽는 장소가 낙원이고, 책을 읽는 시간이 황금과 같은 희열의 순간인 것이다.

책을 읽는 즐거움이란 지적 희열에 빠져서 먹는 것도 잊고, 온갖 고통과 근심을 잊고, 잠자는 것도 잊고, 나이 먹는 것도 잊고 그 행위를 탐닉하는 것이다. 그로 인해 그것을 맛본 사람은 마약에 중독된 이들이 마약을 끊을 수 없는 것처럼 독서를 끊을 수가 없게 되는 것이다. 이 세상의 다른 것은 다 포기한다 해도 그 즐거움을 포기할 수 없게 되는 것이다.

결국 인문학 독서법의 승패를 좌우하는 것은 인문학 읽기를 통해 얼마만큼 독서의 즐거움을 맛보았느냐에 달려있다. 즐거움이 토대가 될 때 지속력이 생기게 되는 것이다. 지속력이 생겨서 지속을 할 때 독서법은 개선을 거듭해서 더 나은 독서법이 창출하게 되는 것이다.

인문학 독서에도 불광불급(不狂不及)의 원리가 존재하는 것이 바로 이것 때문이다. 자신이 미칠 만큼 그것이 재미있지 않다면, 그래서 미치지 않으면 절대로 인문학 독서를 성공할 수 없게 된다.

책벌레가 된 사람들은 한 마디로 책에 미친 사람들이고, 책에 미친 바보들이다. 그렇게 미칠 때에 결국 자신만의 독특한 독서법이 탄생하게 되는 것이다. 자신이 책에 미쳐서 수 천 권의 책을 탐닉하는 사람에게는 사실상 타인의 독서법은 무용지물이다. 자신에게 가장 적합한 독서법이 무엇인지 아는 사람은 자기 자신밖에 없다.

독서를 잘 한다는 것과 책을 많이 읽었다는 것은 다른 것이다. 독서를 잘할 줄 안다는 것은 책을 통해 자신의 인생을 재창조할 줄 안다는 것을 의미할 뿐이다. 책을 통해 자신의 인생을 재창조할 수 있느냐 없느냐는 얼마나 좋은 책들을 많이 읽고, 그로 인해 많은 것을 배우고 얻었는지, 그리고 많은 것들을 누리고 경험했는지, 그리고 또 얼마나 의식과 사고의 도약을 했느냐 하는 것들로 결정되어야 한다.

그 과정에 즐거움이 누락되어 있고, 그 과정이 온통 고통과 인내로만 점철되어 있다면 그것은 도를 닦는 것이지, 독서했다고 말할 수 없을 것이다. 독서는 즐거움이어야 하고, 동시에 성찰과 고뇌가 동반되어야 하는 것이다.

 커피가 전 세계적으로 인기가 있는 이유는 한 잔의 커피 속에 단맛과 쓴맛이 공존하기 때문이다. 참 된 독서도 이와 같아야 한다.

 참된 독서란 즐거움과 위안과 기쁨과 치유와 회복이 있어야 하며 동시에 성찰과 고뇌와 반성과 변화가 있어야 하는 것이다. 어느 한쪽으로만 치우쳐서는 안 된다. 하지만 처음부터 즐거움이 없는 독서를 하게 되면, 결국 중도에 포기하게 되고, 성찰과 고뇌와 반성과 변화에 이르지 못한다. 하지만 처음에 즐거움과 위안과 기쁨과 치유와 회복이 있는 독서를 하게 되면 지속할 수 있게 되고, 그것이 습관이 되어 버리면, 자연스럽게 성찰과 고뇌와 반성과 변화의 순간도 맛볼 수 있게 되는 것이다.

 한국 사람들이 독서와 담을 쌓고 지내는 이들이 많은 이유 중에 하나가 이것이 아닐까? 생각해 본다. 어렸을 때 부모들이 너무 일방적으로 강요했기 때문에 독서는 힘들고 어려운 것이고, 지성인이 되기 위해 하기 싫어도 해야 하는 의무가 되어 버린 것이다. 독서는 절대 의무가 아니라 특권에 더 가깝다는 사실을 우리는 인식해야 한다.

과거 중세에는 평민들은 책을 읽을 수가 없었다. 책을 읽는다는 것은 목숨을 걸어야 하는 그런 엄청난 일이기도 했다. 그렇기 때문에 지금 이 시대에 사는 사람들은 모두 행운아들인 것이다.

제2장. 시대 흐름에 맞는 통합적인 고전 독서법

" 인간의 성공은 독서량에 정비례한다.

책을 많이 읽은 사람은 그만큼 위대하게 되는 것이다.

우리나라에는 위대한 사람이 많이 나지 않는 다.

그것은 위대한 사람이 될 만큼의 독서량이 없기 때문이다. "

< 출처, 정을병, [독서와 이노베이션], 17쪽 >

"잘 읽기 위해서는 발명가가 되어야 한다." - 랄프 왈도 에머슨.

기록하지 않으면 독서가 아니다. _ 손을 움직여라.

 필자에게 가장 인상이 강렬하게 남았던 위대한 독서광이 누구일까?

 도서관을 통째로 먹어 치웠다는 토마스 에디슨보다 더 필자에게 큰 감동을 준 위대한 독서광은 우리의 선조 중에 한 명이 있고, 중국에 한 명이 있다. 우리의 선조 중에 한 명은 세종대왕이고, 중국에 한 명은 키가 160도 채 되지 않는 농부의 아들이지만 10억 중국인들을 이끌었던 20세기 중화인민공화국 최고의 영웅이었던 모택동毛澤東이다.

 그는 학교를 그만두고, 아예 도서관에 파묻혀 책만 읽은 적이 있을 정도로 다독가이고, 열정적인 독서광이었다. 그가 얼마나 위대한 독서광이었는지 Ross Terrill 의 [모택동전]에 다음과 같은 구절이 나온다.

 " 세계사의 모든 지도자들 가운데 프랑스 대통령 드골과 중국 주석 모택동만큼 독서를 즐겼던 사람은 없다."

이 말을 증명이라도 하는 듯, 모택동은 장개석의 국민당에 쫓겨 가는 10만 리 대장정 속에 말라리아에 걸려, 들 것에 실려 가면서도, 책을 꽉 붙들고 있었던 위대한 독서의 자세를 보여줬다.

필자가 모택동에게 큰 감동을 받은 것은 그의 이러한 독서 편력 때문이 아니다. 그가 보여준 독서에 대한 뜨거운 광기 때문이다.

그는 한 마디로 '미친 듯 열렬히' 책을 읽었던 사람이다. 그리고 그는 ' 죽기 살기로 멈추지 않고 책을 읽은 사람'이었다.

이런 스타일의 사람을 보면 좋아하지 않을 수 없다. 왜냐하면 필자가 바로 이런 스타일로 책을 읽기 때문이다. 그리고 더 중요한 이유는 책을 읽는 것뿐만 아니라 필자의 글쓰기 스타일이 바로 이것이기 때문이다.

'미친 듯 열렬히, 신들린 것처럼, 죽기 살기로 멈추지 않고 책을 쓰는 작가' 이것이 필자를 가장 잘 설명하는 말인 듯하다.

어쨌든 세종대왕과 모택동은 모든 사람들의 귀감이 되고도 남을 독서광이라는 사실을 의문의 여지가 없을 것이다.

중국의 국부 모택동은 젊은 시절 19세에 성립제일중학교에 입학하였지만 다음 해에 학교를 그만두고, 아예 도서관에 파묻혀 책만 읽었던 적이 있었다.

" 성립제일중학교에 입학하였는데, 나는 이 학교를 좋아하지 않았습니다. 교과과정에 지나치게 제한이 많았고, 규정 또한 못마땅하기 때문입니다. 나는 다른 학생들이 귀가한 후에도 홀로 교실에 남아 독서를 했다. 어두워서 보이지 않으면 양초를 바꿔서 읽었다. 이 학교에는 여러 가지로 나를 도와 준 선생님이 한 분 있었습니다. 그 분이 빌려 준 [어비통감집람]을 읽은 뒤에 나는 혼자서 책을 읽으며 공부하는 것이 낫겠다고 결론을 내렸습니다. 입학한 지 6개월 만에 나는 이 학교를 그만두었습니다. 대신에 매일 호남의 성립도서관에서 독서를 하였습니다. 나는 규칙적으로 집중해서 매우 열심히 책을 읽었습니다. 아침 일찍 도서관에서 가서, 도서관 문이 열리기를 기다렸습니다. 점심은 떡 두 개로 해결했습니다. 그리곤 도서관 문이 닫힐 때까지 책을 읽었습니다. 이렇게 보낸 6개월이 나에게는 참으로 귀중한 시간이었습니다. "

< [모택동 자서전] 중에서 >

 한 마디로 그가 가장 좋아한 것은 독서였고, 그가 가장 많이 한 것도 독서였다. 그래서 그는 '내가 평생 가장 좋아한 것은 독서이다. 밥은 하루 안 먹어도 괜찮고 잠은 하루 안 자도 되지만 책은 단 하루도 안 읽으면 안 된다.'고 말하기까지 했던 것이다.

 그런데 이러한 독서 습관과 독서에 대한 자세보다 필자가 그에게서 배웠던 가장 중요하고 독특한 독서법은 따로 있었다. 그것은 바로 '기록하는 독서법'이었던 것이다.

 그의 독특한 독서법 중에서도 가장 강렬한 인상을 남겼던 독서법인 '기록하는 독서법'에 대해 그는 한 마디로 다음과 같은 말을 남긴 적이 있다.

' 붓을 움직이지 않는 독서는 독서가 아니다.'

5천 년 중국 역사를 만든 현자들의 공부법에 대한 책인 [현자들의 평생공부법]이란 책에 소개되어 나오는 말이다.

 그는 책을 읽으면 항상 요점 정리를 했고, 책에다가 항상 다양한 표기를 했고, 책 속에 다양한 주를 달면서 책의 저자와 책을 통해 간접적으로 소통을 했다. 심지어 책의 내용이나 관점이 자신과 맞지 않다고 생각하면 과감하게 그 부분을 고쳐 쓰기도 했던 것이다.

 또한 그는 독서 일기를 쓰기도 하면서 독서는 반드시 붓을 잡고 움직이면서 하는 것이라는 사실에 대해 확고한 견해를 가지고 있었던 사람이었다.

 필자는 3년 동안의 지독한 독서 경험을 통해 한 가지 확실하게 경험을 통해 깨닫게 된 사실이 하나 있는 데, 그것이 바로 ' 눈으로만 독서를 하는 것보다 손으로 적어가면서 독서를 하는 것이 수 십 배 혹은 수 백 배 더 독서 효과가 있다는 사실'이었다.

 물론 사람에 따라서는 다를 수 있을지 모르겠다. 하지만 필사나 초서를 중요한 독서법 중에 하나라고 강조하는 사람들이 적지 않다. 물론 이론적으로 그 중요성을 강조하는 것은 별로 신빙성이 없을 것이다.

 하지만 필자는 경험을 통해 이 사실을 터득했다. 독서를 처음 시작할 때에는 그냥 눈으로 읽었다. 그렇게 몇 개월을 많은 책들을 읽었지만 이상하게도 남는 것이 하나도 없었다. 하지만 어느 순간부터 공책을 구입하여, 항상 중요한 부분들을 베껴 쓰면서 독서하게 되었는데, 바로 그때부터 필자의 독서 효과가 수십 배 높아졌다는 것을 실제로 경험하게 되었기 때문이다.

 그런데 나중에 알게 된 사실 중에 하나가 필자가 수많은 시행착오를 통해 깨닫게 된 독서법이 바로 '초서(抄書)'법이라는 것을 알게 되었고, 이러한 독서법을 통해 위대한 업적을 달성하신 분이 또한 계시다는 것을 알게 되고 매우 놀라지 않을 수 없었던 경험을 가지고 있다.

약 2백 년 전에 다산 정약용 선생은 18년 동안 제주도 유배지에서 엄청난 책을 읽고 공부를 하신 것뿐만 아니라 500권이라는 저서를 남기기까지 했다. 다산 선생이 그렇게 할 수 있었던 것은 한 마디로 '초서'의 힘이라고 필자는 생각한다.

물론 18년 동안 유배지 제주에서 복사뼈가 세 번이나 구멍이 날 정도로 노력했기 때문이기도 하지만, 방법이 효과적이지 못 할 경우 성과는 미비할 수 있다는 것이 필자의 지론이다. 다산 선생은 초서를 자신의 공부법으로 삼았을 뿐만 아니라 자녀들에게도 강조했다.

초서(抄書)란 책에서 중요한 부분이나 내용을 뽑아 옮겨 쓰는 것을 말한다. 이런 점에서 필사(筆寫)와 다르다. 필사는 그냥 베끼어 쓰는 것을 말한다. 초서는 책의 내용 가운데 중요한 부분만을 뽑아서 쓰는 것이다.

필자가 개인적으로 추천하는 독서법은 필사가 아닌 초서이다. 물론 어떤 의미에서는 필사와 초서가 비슷하다고 할 수 있지만, 엄밀하게 말하면 필사는 과거에 책의 양이 절대적으로 적었을 때, 책 한 권 구하기가 하늘의

별 따기만큼 힘들었을 때 가장 효과적인 독서법이라고 생각한다.

 초서는 지금처럼 너무나 많은 책들, 많은 작가들이 넘치는 이 시대에 더욱 필요한, 즉 시대의 흐름에 맞는 통합적인 독서법이라고 생각하는 것이다.

 다산 선생은 둘째 아들인 학유에게 부치는 편지 중에서 독서에 대해 아들에게 당부하는 내용이 나온다.

 ' 초서하는 방법은 반드시 먼저 자기의 뜻을 정해 만들 책의 규모와 편목을 세운 뒤에 남의 책에서 간추려내야 맥락이 묘미가 있게 된다. 만약 그 규모와 목차 외에도 꼭 뽑아야 할 곳이 있을 때는 별도로 책을 만들어 좋은 것이 있을 때마다 기록해넣어야만 힘을 얻을 곳이 있게 된다. 고기 그물을 쳐놓으면 기러기란 놈도 걸리게 마련인데 어찌 버리겠느냐?'

 그런데 이것보다 더 초서의 효과를 강조한 대목이 있다. [다산 선생 지식 경영법]이란 책에 보면 다산 선생이 얼마나 초서의 효과를 강조했는지 생생하게 느낄 수 있는 그의 편지가 소개되어 나오는 데 그 중에 일부만 소개하면 이렇다. 그가 초서의 방법에 회의를 느끼고 초서의 효과를 의심하던 두 아들에게 보낸 '두 아들에게 답함' 이라는 편지 내용 중에 일부이기도 하다.

" 학문의 요령은 전에 이미 말했거늘, 네가 필시 이를 잊은 게로구나. 그렇지 않고서야 어찌 초서의 효과를 의심하여 이 같은 질문을 한단 말이냐? 무릇 한 권의 책을 얻더라도 내 학문에 보탬이 될 만한 것은 채록하여 모으고, 그렇지 않은 것은 눈길도 주지 말아야 한다. 이렇게 한다면 비록 백 권의 책이라도 열흘 공부거리에 지나지 않는다." < 140 ~141쪽, 정민, [다산 선생 지식 경영법] >

그의 편지에는 ' 중요한 내용을 베껴 쓰는 일을 그만두어서는 안 된다.' ' 책에서 뽑아내면 바야흐로 일관되게 꿰는 묘미가 있다.' 라고 말하는 대목이 자주 나온다. 한 마디로 다산 선생의 공부법의 핵심은 '부지런히 초록하고 쉴 새 없이 기록하는 것' 이었다.

다산 선생의 제자인 황상도 또한 70세가 넘어서도 독

서와 초서를 멈추지 않았다. 그래서 주위 사람들은 그에게 도대체 뭐 하러 그 나이까지 그렇게 책을 읽고 베껴 쓰느냐고 묻기도 했다고 한다. 그럴 때마다 그는 자신의 스승인 다산 선생의 독서와 초서를 하시면서 복사뼈에 구멍이 세 번이나 난 것, 즉 과골삼천(踝骨三穿)에 대한 이야기를 했다고 한다.

 바로 이러한 필자의 개인적인 경험과 모택동과 다산 선생의 독서법을 근거로 하여 '기록하지 않으면 독서 효과가 없다'고 말하고 싶은 것이다. 그리고 이것은 결국 독서 효과가 없다는 것은 독서가 아니라고 말해도 무리가 아니라고 생각한다.

 그저 시간을 보내기 위해 심심풀이로 독서를 하는 사람들에게는 손을 움직여라고 한다면 귀찮아할 것이 당연하다. 하지만 자기 자신의 성장과 인생의 도약을 위해, 좀 더 나은 자신을 만들어 나가기 위해 독서를 하는 사람들이라면 반드시 손을 움직이는 독서를 하라고 당부하고 싶은 것이다.

사색하지 않으면 독서가 아니다. _ 뇌를 움직여라.

' 나는 생각한다. 그러므로 나는 존재한다.' 라는 데카르트의 명제보다 필자는 더 중요한 것이 하나 있다고 생각한다. 그것은 바로 인간은 생각의 틀 속에서 쉽게 벗어나지 못하는 그런 부족한 존재라는 것이다.

그렇기 때문에 어제와 별반 다를 바 없는 그런 인생을 평생 살아가는 사람들이 적지 않은 것이다. 하지만 이러한 사람들이라도 책을 읽게 되면 인생이 달라지는 것을 경험하게 되는 사람들이 적지 않다.

한 마디로 책을 통해 인생 역전을 하는 사람들이 우리 주위에는 잘 찾아보면 적지 않다는 이야기이다. 그렇다면 어떻게 해서 책을 통해 인생 역전을 할 수 있게 되는 것일까? 그것은 바로 책을 읽는 다는 것은 결국 사고의 확장을 가져온다는 것을 의미하기 때문이다.

그렇기 때문에 '나는 책을 읽는다. 그러므로 나는 사색한다.' 라고 명제를 바꿀 수 있다는 것이다. 책을 읽었기 때문에 생각이 바뀌게 되고, 생각이 바뀌기 때문에 행동이 달라지고, 행동이 달라지기 때문에 습관이 달라진다. 그 결과 궁극적으로 인생이 달라지는 것이다.

[논어]를 보면 공자가 '배우고 생각하지 않으면 어둡고, 생각만 하고 배우지 않으면 위태하다' 라고 말을 한 적이 있음을 알 수 있다. 그런데 여기서 배움이란 책을 읽는 것, 즉 독서를 의미한다고 말해도 될 것이다. 즉 독서를 하면서 생각하지 않으면 우둔해 진다는 것이다. 그리고 생각만 하고 독서를 하지 않으면 위태해 진다는 것이다.

그러므로 독서를 하면서 생각하는 것이 가장 현명해지는 방법이며 좋은 독서법 중에 하나인 것이다. 생각하지 않고 많은 지식만 쌓는 것은 자기 자신을 어리석은 사람으로 만드는 길 중에 하나일 수 있다. 지혜는 지식과 다르기 때문이고, 지혜는 지식이 인간의 사고와 결합하여 한 단계 더 숙성된 것이라고 할 수 있기 때문이다.

경험과 지식이 많을수록 좋은 것은 그만큼 지혜의 재료가 많기 때문이다. 그래서 책을 많이 읽어서 다양한 경험과 지식을 자신의 것으로 삼을 수 있기 때문이다. 하지만 지식과 경험이 아무리 많아도 사색하는 데 게을리 한다면 그 지식과 경험을 인생을 좀 더 잘 살아나가는데 필요한 지혜로 전환하는 데 소홀히 하는 것과 다를 바 없게 된다.

 그 결과 힘들게 지식을 쌓고, 경험을 많이 했음에도 불구하고 인생은 어제보다 오늘이 더 나아지지 않고, 그 자리에 머물게 되는 것이다.

 맹자도 역시 공자의 이 말과 비슷한 말을 한 적이 있다. 그는 [맹자]라는 책을 통해 '생각하면 얻고 생각하지 않으면 얻지 못 하게 된다.(思則得之 不思則不得也)'라고 말한 적이 있다.

 " 기억에 의해서가 아니라 사색에 의해서 얻어진 것만이 참된 지식이다."

톨스토이의 이 말은 우리에게 진짜 독서가 왜 인문학 읽기이며 동시에 사색인지를 깨닫게 해 준다. 지식과 정보는 기억할 수 있는 것이다. 그래서 그것은 진짜 지식이 아니다. 하지만 인문학 읽기를 통한 사색은 기억하는 것이 아니라 탐구하는 것이고, 만들어 나가는 것이고 없던 길을 개척해 나가는 것이다. 그래서 사색을 통해 우리는 제대로 된 참된 독서를 할 수 있게 되는 것이다.

" 반대하거나 논쟁하기 위해 독서하지 말라. 그렇다고 해서 있는 그대로 수용하기 위해서도 독서하지 말라. 그저 자신이 생각하고 연구하기 위해서 독서하라. "

프랜시스 베이컨의 이 말대로 최고의 독서법은 생각하고 연구하는 것이다. 그런 점에서 독서는 반드시 사색과 뗄 수 없는 일체의 행위인 것이다.

그런 점에서 필자가 독자들에게 조심해야 하는 독서법이라고 주의하고 싶은 독서법이 바로 속독법이다. 속독법이 결코 나쁘다는 것은 아니다. 속독법은 책을 빨리 읽을 수 있고, 많은 정보와 지식을 습득할 수 있고, 다양한 책들을 섭렵할 수 있다. 그래서 효과적인 속독법이라고 할 수 있다.

하지만 빨리 읽고, 많이 읽고, 많은 지식을 쌓는 것보다 더 중요한 것은 사색을 하는 것이다. 그래서 아무리 많은 책을 읽어도 읽은 만큼 사색이 뒷받침 되지 않는 독서를 한 사람은 인생이 바뀌지 않고, 성장과 발전이 없게 되는 것이다.

결국 독서의 완성은 사색에 의해 완성되기 때문이다.

'생각하지 않고 읽는 것은 씹지 않고 식사하는 것과 같다.'

라고 E. 버크가 말했다.

'독서는 다만 지식의 재료를 줄 뿐, 그 자신의 것을 만드는 것은 사색의 힘이다.'

라고 로크도 덧붙였다. 여기에 마크 트웨인도 한몫했다.

'당신에게 가장 필요한 책은 당신으로 하여금 가장 많이 생각하게 하는 책이다.'

책을 읽는다는 것은 한 마디로 사색한다는 것, 혹은 사색을 하기 위해 필요한 수단에 불과한 것이다. 그렇다면 독서를 통해 사색하게 되면 그러한 독서행위를 하는 사람은 과연 무엇이 되는 것일까?

결국 그러한 독서법을 실천하는 사람은 무한한 새로운 것들을 사색과 상상을 통해 만들어 내는 발명가가 되는 것이 아닐까?

" 잘 읽기 위해서는 발명가가 되어야 한다."

라고 말한 랄프 왈도 에머슨은 우리에게 단적으로 주장하고 있다.

읽는다는 것은 새로운 것을 상상하고 또 상상하여 새로운 것들을 만들어내야 한다는 것을, 그리고 그렇게 하기 위해서는 누구라도 천재라도 둔재라도 반드시 사색이 필요하지 않을 수 없다는 것을 독자들은 기억해야 할 것이다.

결론은 가장 책을 잘 읽는 사람은 빨리 많이 읽는 사람이 아니라 새로운 것들을 사색을 통해 많이 상상하고 생각하고 발명해 내는 생각 발명가라는 사실이다.

" 훌륭한 독자 = 뛰어난 사색가 = 생각 발명가 "

취하지 않으면 독서가 아니다. _ 몸을 움직여라.

' 나는 맥주 대신 물리학과 칸트의 [순수이성비판]에 취하겠다.'   < 319쪽, [아인슈타인 피카소], 아서 밀러 >

20세기의 최고의 과학자 중에 한 명인 알베르트 아인슈타인이 한 말이다. 이 말처럼 아인슈타인은 평범한 어린 시절보다 못 한 열등한 어린 시절을 보내다가 고전을 좋아했던 부모의 영향과 환경으로 고전을 접하게 되었다.

그러다가 점점 고전에 심취하여 급기야는 십대 후반에 당돌한 맹세를 하기에 이르게 된 것이다. 이때가 그의 나이 열일곱 살 때라고 한다. 그가 술에 취할 정도처럼 고전에 취하게 되자 그는 열등한 사람의 모습을 더 이상 보이지 않는 사람이 되었을 뿐만 아니라 역사적으로 위대한 발명을 하는 과학자로 도약하게 되었던 것이다.

 필자의 경험상 독서는 몸이 흐느적거릴 정도로 독서에 취해야 그것이 진짜 독서라는 생각이 들 정도로 몸을 움직이며 하는 독서, 온몸으로 하는 독서, 온몸이 취하는 독서를 하는 경험을 가지는 것이 매우 중요하다고 생각한다.

 [아인슈타인 피카소] 라는 책에 보면, 아인슈타인이 전자기 이론의 한계를 뛰어넘어 상대성 이론을 발명할 수 있게 된 이유 중에 하나가 그의 의식적 사고라고 말하는 대목이 나오는데 그 의식적 사고의 가장 중요한 배경이 된 것은 두말할 것도 없이 철학 독서였다는 대목이 나온다. (422쪽)

 이처럼 아인슈타인은 인문학 독서에 취하겠다고 맹세를 했다. 그리고 그는 인문학 독서를 통해 사고력을 향상시켰고, 그 결과 위대한 업적을 이루어낼 수 있었다고 필자는 생각한다.

몸이 취해서 흐느적거릴 정도로 책에 취해 본 적이 있는 가? 필자는 너무 많이 그렇게 된 적이 있다.

책에 취해서 몸이 하늘을 날아다니는 느낌을 경험했고, 책에 취해서 몸이 콩알보다 더 작아지는 것을 느꼈고, 때로는 책에 취해서 몸이 우주보다 더 넓어지는 것을 느꼈다. 심지어는 책에 취해서 전혀 다른 세상에 가서 다른 세계를 경험하는 느낌을 경험하기도 했다.

술에 만취한 사람이 느끼는 감정과 경험을 어떻게 다 글로 표현할 수 있을 까? 그런데 놀라운 사실은 책에 심취하게 되는 순간 술에 취하는 것보다 더 놀라운 경험을 하게 된다는 사실이다.

인문학 독서법에는 진정 필요한 독서법이 바로 '취하는 독서법'이 아닐 까라고 필자는 생각한다. 인문학에는 철학과 문학과 역사가 주류를 이루고 있기 때문이다. 역사책을 읽으면서 독자들은 그 역사의 현장에 들어가야 한다. 철학책을 읽는 독자들은 마음껏 사유를 하면서 현실과 세상을 넘나들어야 한다. 문학책을 읽는 독자들도 마찬가지로 문학 작품 속에 마음껏 빠져 들어야 하고, 그

문학 작품 속의 주인공도 되어 보아야 한다.

 그렇게 하기 위해서 책에 취하지 않으면 절대 안 되는 것이다. 인문학 독서법은 기교나 테크닉이 중요한 것이 아니라 몸이 완전하게 빠져드는 독서, 즉 취하는 독서가 되어야 한다.

 어떻게 술도 아닌 책에 취할 수 있을까? 하고 반문하는 독자들이 있을 수 있을 것이다. 하지만 술보다 책에 취하기가 더 쉽고, 더 유익하고, 더 재미있고, 더 흥미롭다는 사실을 알아야 한다.

 그렇게 하기 위해서는 '온몸으로 하는 독서'를 해야 한다. 손과 눈으로 하는 독서를 뛰어넘어 인문학은 반드시 온몸으로 해야 하는 독서인 것이다.

 세계 최고의 독서가로 불리는 알베르토 망구엘은 다음과 같은 말을 한 적이 있다.

 " 내가 쓴 거의 모든 책이 그렇듯이, 이 책의 주제도 독서다. 독서는 창조적인 활동 중에서 가장 인간적 활동이다. 나는 우리가 근본적으로 뭔가를 읽는 동물이며, 독서를 넓은 의미로 받아들일 때 독서하는 능력이 우리 인간이란 종種을 정의한다고 믿는다. 우리는 이 땅에 태어난 모든 것에서 이야깃거리를 찾아내려 한다. 풍경, 하늘, 타인의 얼굴에서는 물론이고 우리가 창조해낸 이미지와 글에서도 이야깃거리를 찾아내려 한다. 우리는 우리 자신의 삶과 타인의 삶을 읽고, 우리가 살아가는 사회만이 아니라 경계 너머네 존재하는 사회까지 읽는다. 또 그림과 건물까지 읽고 해석하려 한다. 물론 책표지 사이에 쓰인 단어들도 읽는다." < 알베르토 망구엘, [책읽는 사람들], 서문에서 >

그는 독서가 가장 인간적인 활동이라고 주장하고 있다. 인간은 본질적으로 뭔가를 읽어야 하는 동물이고, 읽는 동물이라는 것이다.

우리가 무엇인가에 중독이 되고, 취하게 되면 그것에서 벗어나기가 힘들게 되는 것처럼 필자는 책에 중독이 되었고, 책에 취한 삶을 살게 되었다. 그런데 알베르토 망구엘은 뭔가를 읽는 것, 즉 활자 애호가 혹은 조금 더 나아가서 활자 중독자는 본질적인 인간의 특성이라고 말하고 있는 것 같다.

 책에 취하는 독자들이 바로 이상적인 독자라는 생각이 강하게 든다. 알베르토 망구엘은 자신의 똑같은 책을 통해 이상적인 독자들에 대해 다양한 표현을 한 적이 있다. 그가 생각하는 이상적인 독자는 과연 어떤 모습의 사람들일까?

' 이상적인 독자는 책을 끝까지 읽기를 바라는 동시에, 그 책이 끝나지 않기를 바란다.
 이상적인 독자는 장르를 구분하지 않는다.
 이상적인 독자는 소설의 주인공이다.
 이상적인 독자는 책의 등장인물 중 하나와 사랑에 빠진다.
 이상적인 독자는 책도 부활한다고 믿는다.
 이상적인 독자는 책을 덮을 때마다, 자신이 그 책을 읽지 않았더라면 세상이 더 불행해졌

 을 거라고 생각한다.
 이상적인 독자는 조금씩 쌓아가는 독자다. 따라서 한 권의 책을 읽을 때마다 이야기에 새

 로운 기억을 한 겹 더 입힌다. " < 알베르토 망구엘,

[책읽는 사람들], 126 ~127쪽, >

 특히 책에 취하는 독자들은 아무리 하찮은 것이라도 신선하게 받아들이며 읽는 독자들이다. 하지만 수동적으로 받아들이기만 하는 독자들이 아니다. 신선하게 받아들이면서 그것을 다시 새로운 생명체로 만들어낼 수 있는 그런 창조자이기도 하다.

 그래서 '이상적인 독자는 텍스트를 절개해서 껍질을 들어내고 골수까지 파들어가, 동맥과 정맥을 일일이 추적해서 완전히 다른 생명체를 만들어낼 수 있는 번역가다.' 라고 그는 또한 덧붙였던 것이다.

 그런 점에서 책에 취한다는 것은 그저 수동적으로 책을 읽고 그 세계에 빠져 들어 중독이 되라는 말이 아니다. 완전하게 그것에 몰입하고 빠져들게 되면 새로운 세상을 만들어 나갈 수 있고, 새로운 책을 써 내려갈 수 있게 된다.

 술에 취한 사람은 평소에도 하지도 못한다는 말을 용감

하게(?) 할 수 있다. 어떤 이들은 술의 힘을 살짝 빌려서 어떤 말을 하거나 어떤 행동을 하려고 한다. 이것이 나쁜 것만 아니라면 나쁘지 않다. 이처럼 책에 취하도록 독서한다는 것은 책의 힘을 통해 새로운 무엇인가를 생각해 내고 창조해내고 진군해 나간다는 것을 의미한다.

그런 점에서 책에 취한다는 것은 책의 힘을 통해 새로운 인생을 몸을 움직여 살아간다는 것을 의미하고, 수동적인 수용이 아니라 능동적인 창조 행위라고 이해해야 한다는 것이다.

'젊은 베르테르의 슬픔' 과 같은 작품들을 읽고 자살하는 독자들은 수동적으로 수용만 한 독자들이다. 하지만 이상적인 독자는 능동적으로 새로운 삶의 방식과 새로운 삶을 얼마든지 창조해 내어 더 나은 삶을 살아가는 방법을 발견하게 되는 독자들이다.

괴테도 역시 예술작품을 다른 것으로 완전히 다시 만들어 내는 독자 유형에 대해서 이렇게 말을 한 적이 있다. 그가 요한 프리드리히 로흘리츠에게 보낸 편지에 담긴 내용이다.

'독자에는 세 가지 유형이 있다. 첫째는 판단하지 않고 즐기는 유형이고, 셋째는 즐기지 않고 판단하는 유형이며, 중간의 둘째는 즐기면서 판단하고 판단하면서 즐기는 유형이다. 이 마지막 유형이 예술작품을 진정으로 완전히 다시 만들어낸다. 이 유형에 속하는 독자는 많지 않다.'

어떤 유형의 독자들이라도 결국 책에 취하는 독자는 바로 책에 미친 冊狂들이라고 할 수 있다. 책광을 가장 잘 표현한 말 중에 하나가 바로 '독서망양(讀書亡羊)'이 아닐까?

춘추전국 시대에 장(臧)이라는 양치기가 있었다. 그런데 이 양치기는 독서에 미친 사람이거나 책읽기에 완전히 취하는 그런 유형의 사람이었다. 그래서 하루는 독서에 취해서 자신이 키우던 양을 잃어버리고 말았다.

그래서 나온 말이 '독서망양'이라는 말이다.

이렇게 책에 취한 사람들이 가장 좋아하는 것이 도서관

이고 서점일 것이다. 옛날 사람들은 책을 고르고 책을 사는 것을 '도서 탐방(圖書 探訪)'이라고 일컬었다. 이것을 줄여서 '방서(訪書)'라고 부른다. 그래서 좋은 책 한 권을 얻으면 좋은 친구 한 명을 사귄 것과 같다고 생각했던 것이다.

 이러한 방서는 책에 취한 사람만이 할 수 있는 책광(冊狂)들의 가장 독특한 삶의 양식이라고 할 수 있다. 고전 독서가라면 모름지기 방서를 좋아할 수밖에 없을 것이라고 말 할 수 있는 이유가 바로 여기에 있는 것이다.

 책에 취하는 독서를 하는 사람들이 몸을 움직여야 하는 이유가 바로 방서 때문이라고 말할 수 있다. 책을 고르고, 책을 만나기 위해 몸을 움직여야 하기 때문이다.

넘치지 않으면 독서가 아니다. _ 발을 움직여라.

' 만 권의 책을 읽고, 만 리 길을 여행하라(讀書萬卷 行萬里路)'

이 말은 명말 청초 위기의 시대를 대표하는 학자로 청나라 학풍에 큰 영향을 미친 '고염무顧炎武'가 남긴 말이다. 그는 자기 말대로 '두 마리의 말과 두 마리의 노새에 책을 싣고 돌아다니며' 발을 움직이는 독서를 했다.

현대인들의 경우에는 집 안에 앉아서 온라인 서점에서 책을 주문하여 읽으면 된다고 생각하는 사람들이 많을 수 있지만, 개인이 구입하여 볼 수 있는 책은 매우 한정적이다. 필자가 권하는 독서법은 여러 도서관을 두루 다니며, 발을 움직이면서 책들을 찾아 섭렵하며 읽는 것이다.

대학 도서관, 시립 도서관, 국립 도서관, 개인 도서관을 두루 다니면서 책을 읽으면, 결국 고염무가 말한 '독서만 권 행만리로'가 조금씩 실천이 되어 가는 것이라고 할 수 있다.

'벽창호'라는 말이 있는데 고염무는 발을 움직여서 집 밖에 나가지도 않고 책도 읽지 않는 사람을 벽창호 선비라고 말한 것을 [현자들의 평생공부법]이라는 책을 통해 살펴볼 수 있었다.

' 사람이 무언가를 배운다고 하면서 하루 나아가자] 못하면 하루 뒤처지는 것이다. 친구도 없이 혼자 공부만 파는 것은 고루할 뿐 아니라 성과를 내기도 어렵다. 한쪽에만 오래 치우쳐 있으면 거기에 물들어 깨닫지 못하게 된다. ...... 집 밖에 나가지 않고 책도 읽지 않는 사람은 벽창호 선비다. ' < 249쪽, 김영수, [현자들의 평생공부법] >

시대 흐름에 맞는 통합적인 독서법 중에 하나로 추천하고 싶은 독서법은 수많은 도서관, 다양한 특색을 가진 다양한 도서관을 찾아다니면서 다양하고 수많은 책들을 섭렵하는 독서법이다.

그리고 이 독서법의 본질은 많은 책을 읽는 다독이다. 다독의 본질은 많은 것들을 자신에게 입력시키는 것이다. 자기 자신이 구입한 책이 아무리 많다고 해도 만권을 넘지 못한다. 하지만 평생 책을 읽고자 하는 사람들은 알게 모르게 만권을 충분히 넘길 수 있게 된다. 그 때부터는 구입하는데 한계가 있는 것이다.

그렇기 때문에 독서를 어느 정도 한 이후부터는 발을 움직여야 하는 독서법이 필연적으로 뒤따라오게 되는 것이다.

대한민국 최고의 도서관인 국립 중앙 도서관에는 1,400만 권의 장서를 보유하고 있다. 하지만 이것도 그렇게 많은 것은 아니다. '프랑스와 미테랑 국립 도서관'은 1,500 만 권 이상의 책을 보유하고 있고, 일본의 의회 도서관은 우리나라 국립 중앙 도서관 보다 약 3 배 정도 더 많은 책을 보유하고 있다. 그리고 이보다 더 많은 책을 보유한 곳도 있다. 바로 미국의 국회도서관이다. '인간이 만든 모든 업적'을 활자화한다는 기본 원칙 아래, 1억 7천여 만 권 이상의 책들을 보유하고 있다.

그런데 필자가 이렇게 도서관들을 넘나들면서 다양한 책들을 많이 읽는 것, 즉 다독을 강조하는 이유는 한두 권의 책을 깊게 느리게 오래 읽는 것보다는 다양한 견해를 가진 수많은 사람들의 다양한 견해를 접하면서 뇌를 빨리 자극하고 회전시키는 것이 더 유익하다는 것을 알게 되었기 때문이다.

인간의 뇌는 굉장히 게으르다, 그 게으름은 효율적인 측면을 가장 강조하는 뇌의 특성 때문에 발생한 것이다. 습관은 결국 뇌가 가장 효율적으로 어떤 일을 반복하기 위해 만들어 놓은 뇌의 작품인 것이다.

어떤 책을 느리게 깊게 오래 읽게 되면 가장 좋아하는 사람은 뇌이다. 뇌는 에너지를 적게 소비하며 효율적으로 작동될 수 있기 때문이다. 하지만 다양한 책들을 넘치도록 접하고 많이 읽게 되면 뇌는 게으름을 피울 수 없게 된다.

한 마디로 뇌를 부단히 자극하고 단련하는 일종의 뇌 단련법인 것이다. 이와 함께 수 천 권 혹은 수 만 권의 책을 읽게 되면, 장르의 경계가 사라지고, 학문의 경계를 넘나들게 되고, 통합적인 시각이 길러지기 때문에 문리가 트이게 된다.

 그 결과 어떤 분야에서 어떤 일을 해도, 크게 성공할 수 있다. 전쟁 영웅들조차, 승리의 비법은 책에 있다고 했다. 그래서 전쟁터에 나가 전쟁을 치를 때도, 수많은 책을 가지고 다녔다는 사실을 우리는 알고 있다.

 일찍이 공자는 학문을 하는 것은 산을 만드는 것과 같다고 했다. 어떤 산은 작은 동네 앞산이 되지만, 어떤 산은 누구나 다 우러러보는 그런 태산이 된다. 그 차이가 바로 마지막 흙 한 삼태기라도 마다하지 않고 받아들이느냐 그렇지 않느냐 하는 차이라고 했다.

 작은 흙 한 줌 한 줌이 모여 태산을 이루기 때문이며, 천리 길도 역시 한걸음에 시작이 되고, 마지막 한걸음에 완성이 되는 법이다. 이러한 원리가 바로 책에도 적용이 된다. 한 권 한 권의 책이 모여, 수천 권의 책이 되고, 그것이 바로 태산과 같은 큰 배움을 이룰 수 있게 되기 때문이다.

수 천 권의 책을 읽은 후, 마지막 읽은 한 권의 책으로 비로소 큰 도약이 일어날 수 있는 것은 그 마지막 읽은 한 권의 책만의 힘이 아니라 물이 다 차야 저절로 흘러넘치듯 다양한 책들이 쌓이고 축적이 되어 어느 순간 임계점을 돌파했기 때문인 것이다.

 그러므로 일정 수준의 양을 뛰어넘을 수 있는 다독이 필요한 것이라고 할 수 있다. 다독은 정독의 반대말이 아니다. 정독을 하든 안 하든 다독을 누구나 해야 하는 것은 다양한 책들 속에 담겨 있는 수많은 인물들의 사상과 소통을 하고 교류함으로써 자신의 사고를 더 폭넓게 확장시켜 나갈 수 있기 때문이다.

 중국이 낳은 가장 위대한 문학가이자 사상가인 노신魯迅은 평생 수많은 책을 읽은 다독가이기도 하다. 그가 주장하는 독서법 중에 하나가 바로 '두루 많이 넓게 읽어라'는 것이다.

 '꿀벌 같아야 한다. 많은 꽃에서 채집해야 달콤한 꿀을 만들 수 있는 것과 같다. 한 곳에서만 빨면 얻는 것에 한계가 있고 시들어 버린다.'

필자는 생각한다. 깊게 파기 위해서라도 먼저 넓게 파야 한다는 것을 말이다. 넓게 파기 위해서는 다양한 분야의 다양한 책을 많이 두루 읽어야만 한다.

 이런 측면에서 독서는 축적이다. 한권씩 쌓이고 또 쌓여서 한 인간을 완성하게 된다. 물이 다 차야 저절로 흘러넘치듯 독서에서도 임계점을 넘을 수 있어야 독서를 통해 사람이 변하고 인생이 달라진다.

 [창조적 책읽기, 다독술이 답이다]의 저자이자 일본에서 '독서의 神'이라고 불리는 마쓰오카 세이고는 다독과 소독에 대해 이렇게 언급한 적이 있다.

 " 다독多讀과 소독少讀은 하나로 연결되어 있습니다. 결국 그 본질은 다르지 않다는 말입니다. 하지만 소독을 하다 보면 자연스럽게 다독으로 발전된다는 의미는 아닙니다. 다독에 의해 소독의 의미가 더 깊어질 수 있다는 뜻입니다. 이것이 바로 독서의 재미있는 점이라고 생각합니다."   < 15쪽, 마쓰오카 세이고, [창조적 책읽기, 다독술이 답이다] >

결국 본질상으로 독서는 다르지 않다. 다만 발을 움직이며 독서를 하는 사람은 다독을 하지 않으려고 해도 그 운명을 피할 수 없게 된다. 그것이 책의 힘이기도 하기 때문이다.

필자가 제안하는 시대 흐름에 맞는 통합적인 고전 독서법은 한 마디로 이것이다.

' 기록하고 사색하고 취하고 넘치도록 '

인문학과 독서의 새로운 지평을 열고자 하는 독자들에게 조금이라도 도움이 되었다면 그것으로 보람과 기쁨은 충분할 것 같다.

부록 1 _ 문학, 역사, 철학책을 탐하는 방법(인문학 시리즈 핵심 요약)

문학 작품을 읽는 세 가지 방법.

 문학 작품을 읽을 때는 지식과 정보를 주로 얻기 위해 읽는 재테크나 경영 서적들과 같은 책들을 읽을 때와 다른 방법을 취해야 한다. 그리고 그것은 수영장에서 수영할 때와 바다 수영을 할 때의 차이와 같다. 똑같은 수영이지만 수영하기 전에 자세와 수영할 때의 행동은 전혀 달라야 한다.

 문학 작품을 읽은 때 가장 추천하고 싶은 방법은 마치 저자와 연애를 한 것이 아닌가 할 정도로 저자와 저자가 쓴 책의 내용에 빠져들면서 책을 읽는 방법이다. 이것은 우리로 하여금 또 다른 문학의 세계로 쉽게 빠져들 수 있게 해 줄 뿐만 아니라 우리의 상상력과 감성을 극대화해 준다. 이런 과정을 통해 문학 작품을 읽은 이들과 문학 작품을 전혀 읽지 않은 이들, 그리고 문학 작품을 읽었음에도 별다른 상상력이 풍부하지 못한 이들의 차이가 비롯되는 것이다.

지식과 정보를 제공해 주는 비문학 도서를 연애하듯 읽는 사람들은 없을 것이다. 하지만 문학 작품은 최소한 연애를 하면서 연애편지를 주고받는 그런 상황이라고 생각하고 읽어야 한다.

 문학 작품을 읽는 최고 방법의 하나인 연애편지 읽기 법은 모티머 애들러가 자신의 명저인 [독서의 기술]이란 책에서 이미 잘 설명해 놓은 적이 있다.

 " 사랑에 빠져서 연애편지를 읽을 때, 사람들은 자신의 실력을 최대한으로 발휘하여 읽는다. 그들은 단어 하나하나를 세 가지 방식으로 읽는다. 그들은 행간을 읽고 여백을 읽는다. 부분적인 관점에서 전체를 읽고 전체적인 관점에서 부분을 읽는 다 문맥과 애매함에 민감해지고 암시와 함축에 예민해진다. 말의 색채와 문장의 냄새와 절의 무게를 곧 알아차린다. 심지어 구두점까지도 그것이 의미하는 바를 파악해 내려 한다."

 문학작품을 읽는다는 것의 본질은 누군가의 삶에 빠져들어 사랑을 하고, 연민을 느끼고, 감동한다는 것이다. 그렇게 하기 위해서는 연애편지를 읽는 것처럼 한 줄 한 줄, 한 글자 한 글자, 심지어 구두점 하나까지도 그것이 함축하고 있는 풍요로운 함의를 유추하려고 노력해야 하고, 유추해 낼 수 있어야 한다.

그러한 것을 가장 잘할 수 있을 때는 사랑하는 여인의 편지를 받았을 때이다. 우리의 상상력과 능력은 성장과 쇠퇴를 거듭해 나간다. 누군가는 계속 성장을 하지만, 누군가는 계속 쇠퇴만 한다. 또 누군가는 학창 시절에는 성장을 하지만, 졸업 후에 사회인이 된 후에는 급속도로 쇠퇴하여 문맹자들보다 더 못 한 수준으로 전락하기도 한다.

하지만 누구에게나 연애편지를 받는 그 순간이 되면 사라진 상상력과 능력이 되살아난다. 그래서 연애편지를 많이 쓰고, 많이 받아본 사람이 문학 작품을 잘 읽게 되는 훌륭한 독자가 되는 것은 이상한 일이 아니다. 최고의 문학 작품은 연애편지이기 때문이다.

문학 작품, 이렇게 읽으면 안 된다.

 문학 작품을 읽을 때는 방법이 따로 있다. 가장 조심해야 할 것은 너무 빨리 내달리며 읽는 독서법이다.

 " 현명하게, 천천히, 빨리 달리는 사람은 넘어진다."

 윌리엄 셰익스피어의 명저인 [로미오와 줄리엣]에 보면 나오는 이 말처럼, 인문학 독서는 현명하게, 그리고 천천히 음미하면서 읽어 내려가야 하는 독서이다. 그렇기 때문에 빨리 읽은 방법은 절대적으로 금지해야 한다.

 이것은 우리가 자동차 여행이나 기차 여행을 할 때와 같다. 경치 좋은 시골로 자동차를 몰고 여행을 갈 때, 그 멋진 풍광을 보면서 운전하는 데 누구는 같은 지역을 30분 만에 시속 150km로 내 달리며, 그곳을 여행했다고 말한다. 하지만 누구는 3시간 동안 시속 15km로 천천히 달리며 그곳의 모든 경치를 구경하며, 속속들이 살펴보면서 그곳을 여행했다고 말한다.

 과연 누가 더 여행다운 여행을 했을까? 그리고 누가 더 많은 것을 눈으로 보고, 더 많은 것을 느꼈을까? 인문학 독서는 후자처럼 천천히 깊게 읽어야 한다. 그렇게 해야 더 많은 것을 배우고 생각하고 탐구할 수 있기 때문이다.

 문학 작품을 읽을 때 조심해야 하는 것은 너무 급하게 읽어 내려가려고 해서는 안 된다는 것이다. 문학 작품을 읽는다는 것은 타인의 삶을 대신 살아보고 경험해 본다는 것이며, 그것은 삶의 여정을 천천히 밟아 나간다는 것을 의미한다.

 여행을 떠날 때, 급하게 갔다 오는 사람이 없듯이, 그 여행의 묘미를 느끼고, 좋은 여행을 갔다 오기 위해서는 어느 정도 천천히 음미해 볼 필요가 있는 것이다. 문학 작품을 읽는다는 것도 이와 다르지 않다.

 일본열도를 한 때 열풍에 휩싸이게 했던 젊은 문학가 히라노 게이치로는 자신의 책을 통해 소설 작품을 속독할 수 없는 이유에 대해 다음과 같이 설명한 적이 있다.

 " 왜 소설은 속독할 수 없는 것일까? 그것은 소설에 다양한 노이즈가 있기 때문이다. 플롯(줄거리)에만 관심이 있는 속독자에게 소설 속의 다양한 묘사와 세세한 설정들은, 무의미하고 때로는 플롯을 파묻히게 만들어 방해하는 혼입물로 느껴질 것이다. 소설에 리얼리티를 부여하기 위한 필요악 정도로 여겨질지도 모른다. 확실히 스피디하게 스토리 전개만 좇아가고자 한다면 그러한 요소들은 노이즈이다. 그러나 소설을 소설답게 만들어주는 것 역시 바로 그 노이즈들이다.

누구나 알고 있듯이 소설은 아무리 어려운 주제를 다루고 있다 해도 철학서는 아니며, 작자의 생각을 설명하기 위한 예화도 아니다. 또한 동화 같은 단순한 이야기와도 다르다. "

< 히라노 게이치로, [책을 읽는 방법], 41쪽 >

충분히 문학 작품을 음미하기 위해서도 문학 작품은 절대로 급하게, 쫓기듯이, 내달리듯이 읽어서는 안 된다. 그런 점에서 일반 서적은 패스트 리딩을 추천하고, 문학 작품은 슬로우 리딩을 추천하는 바이다. 그렇다고 해서 문학 작품에 완전하게 빠져 들어서 읽지 않고는 도저히 그 책을 손에서 놓을 수 없게 되었을 때, 단숨에 읽어 내려가는 것과 급하게 쫓기듯이 자발적으로 내달리는 것을

혼동해서는 안 된다.

 문학 작품을 천천히 음미하면서 읽는 것이 좋은 방법이다. 하지만 때에 따라서는 작품에 완전히 빠져들어 몰입하면서 단숨에 읽어버리게 되는 경우도 있다. 재미있고 매력적인 작품일수록 이렇게 작품에 완전하게 몰입하여 몸과 마음을 다 맡기고 작품에 빨려들게 되는 경우가 있다.

 어떤 책은 빨리 읽지 않으면 이야기의 흐름을 놓치기 쉬운 책도 있다. 하지만 그것은 어디까지나 독자들의 독서 수준에 따른 것이다. 조금 더 차원 높은 독서를 하는 독자라면 문학 작품을 천천히 읽어야 한다는 것을 본능적으로 깨닫게 된다.

 물론 이렇게 읽으면 읽는 그 순간에는 너무나 황홀하다. 어떤 기준에서는 이렇게 읽는 것이 최고의 방법일 수 있다. 하지만 문제는 이렇게 몰입하여 읽게 되면 또 다른 읽기의 묘미를 놓치게 된다는 것도 생각해야 한다는 것이다.

즉 '엄청나게 흥미진진하게 빠져 들어서 읽었다'라는 유쾌한 경험을 얻게 되지만, 문학 작품을 제대로 음미하며 사유하며 풍부한 상상의 나래를 펼칠 시간적, 감정적 여유와 기회를 가지지 못했다는 점도 있다. 그렇다고 절대로 소설은 단숨에 읽어 내려가면 안 되는 것이라고 말하는 것은 아니다. 문학 작품 중에서는 단숨에 읽어 내려가는 것이 더 좋은 책도 있고, 천천히 음미하면서 읽어 내려가야 더 많은 것들을 길어 올릴 수 있는 책도 있다.

모티머 J. 애들러는 자신의 저서인 [독서의 기술]에서 문학 작품을 읽을 때 해서는 안 되는 독서 방법의 하나로 적극적이고 공격적인 독서 자세를 언급했다. 문학 작품을 읽을 때는 어느 정도 이야기의 흐름에 자신을 내맡기는 그런 약간의 수동적인 자세가 필요하다는 것이다.

" 적극적으로 독서하는 것은 어떤 경우에나 중요하지만, '교양서'와 문학서와는 그 자세가 달라진다. '교양서'를 읽을 때에는 눈을 언제나 매처럼 빛내며 금세라도 습격할 수 있는 태세로 있지 않으면 안 된다. 그러나 시나 소설을 읽을 때에는 이래서는 곤란하다. 그 경우에는, 말하자면 적극적인 수동(受動)이라고도 할 만한 자세가 필요하다. 이야기를 읽을 때는, 이야기가 마음에 작용하는 대로 맡기고, 또 그에 따라서 마음이 움직이는 대로 내맡겨두지 않으면 안 된다. 즉, 무방비(無防備)로 작품을 대하는 것이다." < 173쪽, 모티머 J. 애들러, [독서의 기술] >

 우리가 문학 작품을 천천히 음미하면서, 어느 정도는 수동적으로, 문학 작품의 흐름에 우리의 판단을 내맡겨야 하는 이유 중의 하나는 문학 작품에 사용되는 언어들이 모두 모호성을 가지고 있기 때문이다. 교양서와 문학서는 존재하는 목적 자체가 다르기에, 언어를 사용하는 방법 또한 다르게 될 수밖에 없다. 모티머 J. 애들러는 이렇게 말했다.

" '교양서'와 문학서는 목적이 달라서 언어를 사용하는 방법이 스스로 달라진다. 작가는 언어에 잠재하는 모호성을 최대한으로 활용한다. 그렇게 하면 의미의 다양성에서 오는 독특한 풍부함과 힘참을 충분히 얻을 수가 있기 때문이다. 작가에게 있어서 은유(은유)는 작품을 구축하는 구성단위이다. 모호성을 버리고 한정된 의미로 언어를 사용하는 논리학자(논리학자)와는 대조적이다." < 174쪽, 모티머 J. 애들러, [독서의 기술]에서 >

  이처럼 문학 작품의 작가들은 좀 더 풍부한 세계를 만들기 위해 언어의 모호성을 최대한 활용하고 있다. 그래서 문학 작품을 읽을 때는 다양한 상상을 하면서 작품의 흐름에 최대한 자신을 맡기고 천천히 음미하면서 읽어나가야 하는 것이다.

역사 서적을 잘 읽는 법

위대한 선조 중의 한 명인 다산 정약용 선생은 역사 서적에 대해 어떤 말씀을 하셨을까? 다산 선생도 역사 서적을 읽어야 한다는 데에는 의견이 같았다.

' 우선 경학을 공부하여 밑바탕을 다진 후에 옛날의 역사책을 두루 섭렵하여 옛 정치의 득실과 잘 다스려진 이유와 어지러웠던 이유 등의 근원을 캐볼 뿐 아니라 모름지기 실용의 학문 즉, 실학에 마음을 두고 옛사람들이 나라를 다스리고 세상을 구했던 글들을 즐겨 읽도록 해야 한다.'

그는 옛날의 역사 서적을 두루 섭렵하여 읽어야 한다고 말한다. 그런데 그냥 읽어서는 안 되고 정치가 잘 된 이유와 잘 되지 못한 이유에 대해 근원을 캐보면서 읽어야 한다고 말한다.

이것이 역사 서적을 잘 읽을 수 있는 하나의 방법이다. 근본적인 이유에 대해 근원을 캐보면서 읽는 방법 말이다.

" 고전을 읽어나가는 과정은 동서양의 선지식善知識들과 깊이 있는 주제를 놓고 대등하게 대화하는 과정입니다. 현인들이 어떤 물음을 던졌는지, 어떻게 해답을 모색했는지, 그것이 어떤 관점과 맥락에서 타당하거나 한계가 있는지를 따져 묻는 과정이기도 합니다.

또한 그 과정에서 고전의 여러 관점들끼리 또는 고전의 관점과 읽는 이의 관점이 서로 맞부딪치면서 공명을 일으키거나 어긋나거나 제3의 관점을 낳는 과정을 경험함으로써, 그리고 그에 따라 새로운 세계가 보이거나 보이던 세계가 닫히는 경험을 통해서 삶의 핵심 문제들을 여러 각도에서 다면적으로 통찰하는 힘을 기를 수 있습니다. 그리고 그것을 바탕으로 이제까지의 사고방식이나 행동 양식, 느끼는 방식에 대해 다른 눈으로 보고 다르게 대답하는 과정에서 타인과 더불어 살아가는 법을 주체적으로 발견할 수 있습니다. " < 마상용, [고금, 그리고 고전은 미래다] , 8~9쪽>

[고금, 그리고 고전은 미래다] 라는 책의 저자인 마상룡씨는 고전을 읽어나가는 과정은 한 마디로 따져 묻는 과

정이라고 위와 같이 말했다. 그렇게 따져 묻는 과정에서 새로운 관점을 낳고, 삶의 핵심 문제들을 여러 각도에서 다면적으로 통찰하는 힘을 기를 수 있다고 말한다.

그의 말처럼 역사 서적을 읽는다는 것도 다른 고전과 마찬가지일 것이다. 역사 서적을 통해 삶의 핵심 문제를 다른 눈으로 보고 다르게 대답하는 과정을 반복하면서 다양한 해답을 얻게 되는 것이다.

그는 또한 같은 책에서 고전 텍스트를 읽는 방법으로 크게 세 가지가 있다고 말했다.

" 고전 텍스트를 읽는 방법으로는 크게 세 가지가 있습니다. 첫째, 고전을 하나의 완결된 구성체로 보고 저자가 규명하려는 문제의 핵심이나 궁극적으로 해명하고자 하는 화두가 무엇인지, 그에 대한 답변이나 견해 그리고 그것을 뒷받침하는 주요 근거들이 무엇인지를 탐구하는 독해 방법입니다. 둘째, 텍스트 자체의 내재적인 논리 구조보다는 그 텍스트가 생산된 사회적, 역사적 배경이나 맥락, 그것의 영향이나 기능을 중심으로 텍스트의 의미를 해명해 나가는 독해 방법입니다. 셋째, 고전 텍스트를 읽어나가는 내적인 방식과 외적인 방식을 바탕으로 그것을 읽는 사람이 당면한 문제들을 풀어 나가는 데 텍스트가 어떤 점에서 이바지하며 어떤 점에서 한계가 있는지에 초점을 맞춤으로써 현대적으로 재해석하는 방법입니다."

< 마상룡, [고금, 그리고 고전은 미래다] , 7쪽>

그는 고전 텍스트를 읽는 방법으로 탐구하는 독해 방법, 의미를 해명해 나가는 독해 방법, 그리고 현대적으로 재해석하는 독해 방법이라는 3가지 방법을 제시했다. 이 중에서 역사 서적을 가장 잘 읽는 방법은 세 번째가 아닐까? 필자의 생각은 그렇다.

 결론적으로 역사 서적을 잘 읽는 법은 따져 묻고 다양한 각도에서 재해석하여 현실의 삶에 적용해 나갈 수 있도록 지혜를 뽑아내며 읽는 것이라고 할 수 있다.

역사 서적을 읽을 때 던져야 하는 질문들.

" 역사는 사라진 것에 대한 기록이다. 사라진다는 것은 무이고, 그것을 기록으로 남기는 역사란 무화되는 것을 막기 위해 그것에 의미를 부여하는 행위다. 스스로가 사라질 운명에 처해 있다는 것을 아는 인간은 어떤 방식으로든 자기 삶에 의미를 부여하지 않으면 살 수 없는 존재다. 그 자기 삶이 의미 있다는 확신을 갖기 위해서는 먼저 그 이전에 살았던 사람들의 삶이 의미 있었음을 입증해야 했고, 이런 필요가 역사라는 서사를 만들어냈다."
< 김기봉 외, [고전의 향연] 179쪽에서 >

과거는 현재를 통해서 바라보아야 하며, 개인은 절대 사회를 떠나서 존재할 수 없는 존재이다. 그래서 역사 서적을 읽는다는 것은 죽은 과거의 사실을 살펴본다는 것이 아니라 현재의 삶을 과거의 역사를 통해 통찰해 본다는 것을 의미한다.

그리고 그러한 일련의 과정의 무대가 되는 곳이 바로 사회라는 것과 사회는 하나의 생명체처럼 살아서 흘러 내려오고 있다는 사실을 간과해서는 안 된다.

이러한 사실을 토대로 고려해 볼 때, 역사 서적을 읽을 때 던져야 하는 가장 큰 질문은 '이 책에서 평가하는 역사적 사실과 그것에 관한 이 책의 저자인 역사가의 해석은 과연 현재 나의 삶에 어떤 의미와 연결성이 있는 것인가?' 하는 것이어야 한다.

인간은 사회적 삶을 살아갈 때 가장 인간답다고 할 수 있다. 그리고 무엇보다 현재의 삶을 가장 잘 살아가기 위해서는 과거 누군가의 삶들을 통해 현재의 삶을 수정해 나갈 수 있다는 것은 매우 유익한 것이라고 할 수 있을 것이다.

인간이 가진 그것 중에 가장 크게 인간을 파멸로 이끌고 망하게 하는 것이 있다. 바로 '오만'이다. 그래서 역사 서적을 읽을 때 가장 중요시하게 생각하고 질문을 던져야 하는 주제는 바로 ' 이 사람의 오만은 무엇인가? 그리고 이 사람의 오만은 이 사람에게 어떤 결과를 가져다

주었는가?' 라는 사항을 빠뜨려서는 안 될 것이다.

역사 서적을 그저 흥미 위주로 혹은 과거 사실에 대한 지식의 충족을 위한 도구로만 생각해서는 절대 안 될 것이다.

신봉승의 역사 바로 읽기란 책인 [역사란 무엇인가]에 보면 기필코 후세에 전해야 하는 대상이 바로 권력을 가진 자나 재물을 탐하는 자들의 오만이라고 말하는 대목이 나온다.

" 권력을 가진 자의 오만이나 재물을 탐욕하는 자의 오만은 역사를 기술하는 사람들에게는 기필코 후세에 전해야 하는 대상이 된다. 다시 반복되어서는 안 될 패덕이기 때문이다. 헤로도토스의 <역사>는 동서분쟁이라는 관점에서 클라이맥스라고 할 수 있는 페르시아 전쟁이 주된 내용이다. 그는 페르시아가 패망하게 된 원인을 크세르크세스의 오만 때문이라는 결론을 내렸다. 그리고 다음과 같은 뼈아픈 말을 남겼다. '신이 인간의 오만에 대해 보복할 것임을 믿었다.' " < 20쪽, 신봉승, [역사란 무엇인가] >

독자들이 오만이라는 가장 치명적인 인간의 약점과 역사를 결부시켜서 질문을 해 나가야 하는 이유는 바로 그것이 역사의 원인 중에 대부분을 차지하고 있기 때문이라고 할 수 있다. 그런 점에서도 역사는 자연적인 과정을 통해 사계절의 순환과 같이 저절로 반복되는 시간의 흐름이 아닌 것이라는 사실을 알 수 있다.

 역사는 인간이라는 주체가 무엇인가의 원인을 제공하고, 그 결과로 나타나는 현상의 연속인 것이다. 그런 점에서 역사 서적을 읽을 때 반드시 던져야 하는 질문 중 하나는 ' 역사적 사실을 통해 자신의 개인적인 역사를 이해하고 서로 영향을 주고받으려고 하는 투철한 의식' 에 관한 것이어야 한다.

 역사는 개인의 역사와 역사적 사실을 이어주려고 하는 개인의 투쟁과 노력을 통해 더욱더 다양하고 새롭게 해석되고, 인식될 수 있는 것이다. 그런 점에서 올바른 역사란 올바른 인식에서 비롯되는 것이다.

 그렇기 때문에 올바른 인식을 하기 위해서는 스스로에게 '왜 이러한 역사적 사실이 일어났는지?' 그리고

'무엇을 이 역사적 사실을 통해 내가 배워야 하는 것인지?'라는 질문을 통해 역사에 대한 인식을 확대해 나가야 한다.

독자들이 한 개인으로서 역사 서적을 통해 이러한 질문을 통해 얻을 수 있는 것들 중에 하나는 과연 무엇일까?

그것은 어떤 인간이라도 한 개인의 삶 그 자체로는 온전해 질 수 없는 시간과 공간적인 한계를 가지고 있기 때문이다. 역사 서적을 통해 시간과 공간을 뛰어넘어 다양한 삶을 접하면서 좀 더 온전한 삶을 살아 나갈 수 있게 된다.

사회를 떠난 개인은 존재할 수 없듯, 사회를 떠난 역사 서적도 또한 존재할 수 없다. 그런 점에서 역사 서적을 통해 얻게 되는 것 중 하나가 사회적 존재로서 어떻게 살아가야 할 것인가에 대한 궁극적인 해답의 실마리라고 할 수 있을 것이다.

철학이란 무엇이며 철학서는 어떤 책인가?

 철학이란 과연 무엇일까? 필자는 한 마디로 철학은 지혜를 탐하는 학문이라고 말하고 싶다. 철학이란 말에는 '지혜를 사랑하는 것' '지식을 좋아하는 것'이라는 의미가 담겨 있다. 그리스어로 철학은 'philosophia'인데, 여기서 'philo'의 의미는 '무엇인가를 좋아한다.' 혹은 '무엇인가를 사랑한다.'라는 의미이다. 그리고 'sophia'의 의미는 '지혜'나 '지식'을 가리킨다.

 이 두 가지를 합쳐진 글자인 철학의 의미는 당연히 '지혜나 지식을 사랑하고 좋아하는 것'이 된다. 바로 이런 어원적인 해석을 근거로 할 때, 철학을 한 마디로 하면, '지혜를 사랑하는 학문'이다.

 무엇인가를 좋아하고 사랑하게 되면 갈망하게 되고, 탐하게 된다. 그 결과 철학자들은 지식과 지혜를 사랑하는 사람이고, 그러한 사랑으로 인해 지식과 지혜를 평생 갈망하고, 탐구하는 사람인 것이다.

즉, 철학자들은 지혜와 지식을 갈구했던 자들이며, 철학은 지혜와 지식을 탐하는 분야인 것이다. 그런데 철학자들이 지혜와 지식을 탐하기 위해서는 가장 걸림돌이 되는 오랫동안 인류의 사고를 지배해 왔던 신화적 사고(mythos)에서 벗어나는 것이 가장 큰 과제였다.

기원전 6세기 그리스의 철인 탈레스를 철학의 아버지라고 부르는 이유는 신화적 사고에서 벗어난 최초의 질문과 사고를 한 사람이 바로 그이기 때문이다. 그가 던진 질문과 사고는 '세계를 이루고 있는 가장 근원적 존재는 무엇인가?'라는 것이었고, 이러한 질문에 그는 '그것은 바로 물이다'라고 대답했던 것이다.

이처럼 인간은 태어나면서부터 무엇인가를 알고 싶어 했고, 그것이 바로 철학의 밑바탕이 되어 주었다. 하지만 근대에 들어와서 인간은 이성적 존재이고, 생각하는 갈대와 같은 존재라는 사실에 눈을 뜨기 시작했다.

근대의 이성적 인간관을 확립한 이는 '나는 생각한다. 고로 나는 존재한다'라는 유명한 명제를 세운 데카르트였다. 데카르트가 확립한 이성적 인간관은 파스칼과

헤겔을 통해 더욱 더 발전되고 완성되었다. 그래서 결론적으로 이 세상의 제도와 이념과 문화 등이 모두 인간의 이성에 의해서 만들어진 이성의 산물이라는 결론에 도달하게 되었던 것이다.

인간을 이성적 존재라고 여기게 된 근대부터 인간을 중심에 두는 'Humanism'이 인류의 사고의 중심으로 부상하기 시작했다. 휴머니즘이라는 인간 중심의 가치관을 토대로 하여 근대 철학자들은 지식과 지혜를 탐구하기 시작했다.

이처럼 철학자들은 우리가 살고 있는 세상과 그 세상을 살아가는 인간의 근원을 탐구하기 위해 여러 가지 질문을 던졌다. 그리고 그러한 질문은 세상을 어떻게 바라보고 어떤 삶을 살아야 하는 지에 대해 결정하고 선택하기 위한 토대가 되어 주었던 것이다.

철학자들의 탐구 내용과 과정과 결과가 모두 담긴 것이 바로 철학서인 것이다.

" 철학서는 세계를 어떻게 바라볼 것인가 하는 문제, 즉 인간의 세계관을 가장 직접적으로 다루는 책이다. 그리고 세계가 어떤 과정을 통해 인간에게 해석되는 지도 문제 삼는다. 밖으로는 세계를 대상화하고 안으로는 자신의 인지 과정을 대상화하여 관찰하는 학문이 바로 철학이다. 그래서 철학서를 읽은 사람은 '나는 이렇게 생각한다.'는 것을 뛰어넘어 '내가 이렇게 생각하는 이유는 무엇일까?' 하고 자문하게 된다. 철학서는 '자신이 생각하는 것에 대해 생각하게 하는 책'이다. 철학이 인간에게 고도의 통찰력을 갖추게 하는 요인이 바로 여기에 있다."

< 263쪽, 박민영, [책 읽는 책] >

 철학서는 삶과 인간에 대한 올바른 정답을 알려 주는 책이 아니라, 우리가 그것들에 대해서 올바른 정답을 찾을 수 있도록 우리의 사고 능력을 발전시켜 주는 책이다. 또한 독자들로 하여금 위대한 철학자들을 만나서 소통하고 대화할 수 있게 해 주어 삶의 내용을 풍성하게 해 주고, 삶에 품격을 더해 주는 그런 책이라고 할 수 있다. 그런 점에서 사람이 살아가는 데 꼭 필요한 책이라고도 말할 수 있다.

철학은 또한 삶과 인간에 대한 학문이기에 인간답게 살게 해 주는 학문인 동시에 인간답게 죽기위한 죽음을 준비하는 학문이라고도 할 수 있다. 올바르게 후회 없이 잘 살아야 죽음을 두려움 없이 맞이할 수 있기 때문이다.

 [인문학 강의]란 책에 보면 철학에 대해 구체적으로 학문을 통해 잘 표현 한 대목이 나온다.

 " 철학이라는 건축물은 형이상학과 인식론을 주축으로 하고, 이를 논리학과 윤리학, 미학이 세 발로 바치고 있는 형국이다. 윤리학은 철학에서 중요한 위치를 점유하고 있다.
 조선시대 천자문을 떼고 난 후 처음으로 읽는 책이 [동몽선습]인데 이 책은 '사람이 천상천하에서 가장 존귀한 존재인데 그 이유는 인간이 윤리적이기 때문 " 이라는 말로 시작된다. 근대 독일의 철학자 칸트는 [실천이성비판]에서 '생각하면 할수록 나를 놀라게 하는 것이 둘 있으니, 하나는 밤하늘에 반짝이는 별들이고, 다른 하나는 나의 마음에서 울려나오는 양심의 소리'라고 하였다. 우주에 질서가 있다는 사실과 인간이 윤리적 존재라는 것은 놀라운 일이 아닐 수 없다는 것이다." <

143쪽, 박민영, [인문학 강의] 중에서 >

 이 대목을 보면 철학이란 것이 여러 가지 학문에 의해 구축된 하나의 종합 학문이라는 생각까지 들게 해 준다. 그 중에서도 윤리학이 철학을 구축하고 있는 학문 중에서도 가장 중요하다는 것을 알 수 있다. 그리고 그것은 바로 윤리학이 인간을 인간답게 살게 해 주고, 천상천하에서 가장 존귀한 존재가 되게 해 주기 때문이다.

 윤리학을 최초로 학문적으로 발전시키고 체계화한 인물이 바로 아리스토텔레스이다. 우리는 그의 <니코마코스 윤리학>에 대해 살펴 볼 것이다. 그리고 윤리학과 미학과 논리학 등을 바탕으로 한 철학은 인간을 인간답게 살게 해 줄 뿐만 아니라 인간이 살아가고 있는 사회를 공정한 사회로 만들어 주기까지 하는 그런 학문이라고 할 수 있다.

부록 2 ;

책 읽는 시간을 확보하는 방법

" 인간은 자기의 운명을 창조하는 것이지, 받아들이는 것이 아니다."

프랑스의 문학사가 비르만의 말이다. 그의 말처럼 자신의 운명은 이 세상과 환경이 주는 대로 받아들이는 것이 아니라, 자신의 의지와 노력으로 창조해야 하는 것이다. 그렇게 창조해 나가는 인생이 되기 위해 우리는 여러 가지 방법을 강구하고 노력해야 한다. 그리고 무엇보다 하루하루를 낭비하지 않고, 집중하는 것이 중요하다. 하지만 집중하고, 낭비하지 않는 것은 매우 힘이 들고 어렵다.

그렇다면 우리가 집중하지 못하게 하는 것은 무엇일까? 쓸데없는 것에 시간을 낭비하게 되는 이유는 무엇일까? 이러한 질문에 대한 해답의 실마리를 필자는 다음의 문장을 통해 얻게 되었다.

" 현대는 유별나게 주의력을 도둑맞고 있다. 그 주범 네 가지를 꼽자면 서두름, 과잉 정보, 걱정, 잡동사니이다. "

에드워드 M. 할로웰은 자신의 저서인 [창조적 단절]에서 한 말이다. 그는 하버드대학교 의대 교수 출신으로 주의력결핍장애(ADHD) 분야 전문가로 활약하던 중에 수많은 사람으로 하여금 주의력 결핍 상태로 만드는 것이 바로 위의 네 가지라고 지적한 바 있다. 그렇다면 서두르지 않고, 과잉 정보와 무익한 걱정을 하지 않고, 잡동사니에 휘둘리지 않게 하려면 어떻게 해야 할까? 필자는 '3년 독서의 법칙 노트'를 작성할 것을 그 해법으로 제시하고자 한다.

' 3년 독서의 법칙 노트' 를 작성하라."

쓸데없는 낭비의 시간을 끊고, 독서에 매진하기 위해 우리는 우리보다 먼저 살다 간 위인 중에 쓸데없는 낭비의 시간을 가장 잘 이용하여 성공한 사람을 찾아, 그

비법을 배우고, 그것을 자신만의 기술로 개선해 나간다면 우리 모두 시간 활용 전문가가 될 수 있다고 생각한다.

필자가 소개하고자 하는 위인은 '시간을 정복한 남자'라 불리는 러시아의 과학자 알렉산드르 류비셰프이다. 그는 한 마디로 쓸데없는 낭비의 시간을 완전히 끊어 버린 남자이다. 그의 독서와 심지어 업무도 자투리 시간에 많이 이루어졌다. 그는 쓸데없는 낭비의 시간을 끊기 위해 남들과 다른 한 가지 행위를 더 하면서, 자신의 일상에 숨어 있는 낭비의 시간을 찾아내고, 그것을 유용하게 사용한 대가인데, 그가 사용한 남들이 하지 않았던 다른 한 가지 행위는 '50여 년 동안 하루도 빠짐없이 '시간 통계' 노트를 작성하는 행위였다.

그가 자투리 시간의 활용 대가가 될 수 있었던 것은 자신이 매일 작성하는 '시간 통계' 노트 덕분이라고 할 수 있다. 심지어 그는 모든 일에 든 시간을 계산해서 기록하고, 매달, 매년 시간 통계를 결산하면서 시간 계획을 세웠다. 이 덕분에 그는 쓸데없는 낭비의 시간을 제거할 수 있었다.

" 1916년, 당시 26세 나이로 시작한 이 일을 그는 하루도 빼먹지 않았다. 기록 형식은 간단했다. '1964년 4월7일, ▲곤충 분류학: 알 수 없는 곤충 그림을 2점 그림. 3시간 15분 ▲어떤 곤충인지 조사함-20분 ▲추가 업무: 슬라브에게 편지-2시간 45분 ▲사교 업무: 식물 보호단체 회의-2시간 25분 ▲휴식: 이고르에게 편지-10분'

그는 회계장부를 기록하듯 매일 시간을 계산해 넣었다. 심지어 자기 서재에 들어와 시시콜콜 질문하는 딸에게 친절하게 답해줄 때도 허비한 시간을 틈틈이 적었다. 자투리 시간을 아껴야 했으므로 버스·기차 타는 시간, 회의 시간, 줄 서있는 시간조차도 셈했다. 장기 출장을 갈 때는 읽을 책 목록을 정한 뒤 출장지에 해당 서적을 미리 우편으로 부쳤다. 이렇게 쌓은 시간 기록을 매달 말 합산했으며, 연말에는 이를 다시 결산했다. 그래프와 표도 만들었다. " < 경향신문, 조장래 기자, 미디어 리뷰 중에서>

이러한 생활 습관 덕분에 그는 70여 권의 학술 서

적과 총 1만 2,500여 장(단행본 100권 분량)에 달하는 연구논문, 그보다 방대한 양의 학술자료와 꼼꼼하게 수제본한 수천 권의 소책자들을 남겨 놓을 수 있었던 것이다. <출처, 다닐 알렉산드로비티 그라닌, [시간을 정복한 남자, 류비셰프], 황소자리 >

그렇다면 우리도 이제 쓸데없는 시간의 낭비를 끊기 위해, '우리 만의 시간노트'를 만들어 보면 어떨까? 과연 하루 24시간을 우리는 어떻게 사용하는 것일까? 그리고 그러한 시간노트에 하루에 한 권씩 읽고자 도전했고, 읽었던 책의 제목과 저자, 그리고 한 줄 요약과 함께 가장 마음에 남는 문장이나 내용을 함께 기록한 다면 훌륭한 나만의 '3년 독서의 법칙 노트'가 되지 않을 까?

'3년 독서의 법칙 노트'는 자신의 낭비하는 시간을 찾아내고, 줄이기 위한 하루 동안의 시간 사용에 대해 적고, 하루 동안 읽은 한 권의 책이 무엇인지 적는 시간 노트와 간단한 독서 노트를 결합한 3년 독서의 법칙을 실천하기 위한 전용 노트라고 할 수 있다.

<u>"3년 독서의 법칙 노트 = 시간 관리 노트 + 독서</u>

활동 기록 노트 "

　현대인들의 삶을 살펴보면, 하루 24시간 중에 쓸데없는 일로 낭비를 하게 되는 시간이 의외로 적지 않다는 사실을 알 수 있다. 우리는 그 시간을 찾아내서 끊어야 한다. 다행히 이러한 고민을 한 사람들이 적지 않다는 사실을 알게 되었고, 그 결과 인생의 3분의 1인 주말을 잘 활용하여, 시간의 낭비를 막는 법에 대해 자연스럽게 관심이 쏠렸고, 그것과 관련하여 이미 고민하고, 해법을 제시한 인물과 책을 한 권 소개함으로써 그 비법을 배워 보도록 하겠다.

" 주말의 시간 낭비를 막아라. "

　[주말 경쟁력을 높여라]의 저자인 공병호 소장은 자신의 이 책을 통해, '주말을 제대로 보낼 수만 있다면 지금과는 완전히 다른 삶을 창조해 낼 수 있을 것이라는 자신의 생각과 경험담'을 밝히고 있다. 주말 48시간을 제대로만 활용하여, 낭비를 막을 수 있다면, 이것은 매우 큰 시간을 확보할 수 있다. 다시 말해, 주말은 직장인들

에게 제2의 인생을 시작할 수 있도록 도와주는 좋은 기회인 셈이다. 이 기회를 수많은 사람은 특별히 하는 일 없이 거실에서 빈둥대며, '왜 이렇게 재미있는 것을 안 하냐?'며 애꿎은 방송사만 나무라면서 황금 시간을 낭비하고 있다. 이렇게 낭비하는 직장인이 무려 60퍼센트에 이르는 것으로 나타났다. <같은 책, 22쪽 >

주말의 시간은 출퇴근 시간이나 그 전후 시간이 없으므로, 절대적인 시간이 확보되는 직장인들에게는 최고의 황금 시간인 셈이다. 이 시간을 빈둥대면서, 보내는 사람에게는 미래가 있을 수 없다. 이렇게 주말을 망치는 이유에 대해서 공병호 소장은 같은 책에서 3가지 잘못된 사고방식 때문이라고 말한다.

" 첫째, 주말은 지난 한 주에 대한 보상이다.

둘째, 주말엔 무조건 쉬거나 놀아야 한다.

셋째, 주말엔 가족에게 봉사해야 한다. "

여기에 대해서 공병호 소장은 해법을 제시했다. 첫째,

한 주의 시작을 월요일이 아니라, 일요일부터라고 생각을 바꿔보라는 것이다. 그렇게 생각을 바꾸면, 좀 더 주말을 가치 있게 보내는 일에 신경을 쓸 수 있다. 둘째, 진정한 휴식은 무조건 쉬거나 노는 것이 아니라, 자신의 미래를 준비하고, 에너지를 재충전하는 것으로 생각하라고 한다. 셋째, 자기 자신이 만족하고, 가슴 뿌듯한 일을 하면서 주말을 보낼 때, 가족들도 따라서 행복해진다는 것이다.

주말에 시간 낭비를 막기 위한 가이드라인은 무엇이 있을까? 반드시 이것만은 꼭 지키면, 주말의 시간 낭비를 막고, 그 시간을 자신의 미래를 위해, 책을 읽을 수 있을까?

첫째. 반드시 새벽에 일어나라. (토, 일 모두)

평일 동안 자지 못했던 것을 분풀이라도 하는 듯, 온종일 잠을 자는 경우가 있다. 하지만 잠은 자다 보면, 더 잠을 자야 하는, 이른바 '잠이 잠을 자는 현상'에 빠지게 되어, 주말을 망치게 되는 경우가 있다. 하지만 새벽부터 일어나면, 이러한 현상이 발생하지 않는다. 오히려 새벽에 일어나, 새벽부터 활동하게 되면, 주말이 2배, 3배나 길어진 느낌을 얻게 된다. 새벽에 일어나 3~4시간을 오롯이 책에 집중할 수 있다.

주말 새벽은 출근 준비로부터 자유로워지는 시간이며, 아침을 좀 늦게 먹어도 되는 매우 자유로운 시간대이다. 가족들도 모두 잠을 자고 있으므로, 주말 새벽 5시에 일어나게 되면, 보통 늦은 아침을 9시나 10시에 먹든가, 아예 먹지 않고, 브런치를 11시에서 12시 사이에 먹게 되기 때문에, 아무것도 하지 않고, 아무런 방해도 받지 않고, 오롯이 책만 볼 수 있는 시간이 5시간 정도 확보된다. 이때를 잠으로 낭비해서는 절대 안 된다.

포브스 코리아 지가 2008년 11월호에 조사한 바에 따르면, 대한민국의 CEO들 중에 80%는 아침 6시 이전에 기상하는 것으로 나타났다. 이 수치는 2004년도 조사할 때의 70%보다 더 높아진 수치이다. CEO들도 이렇게 일찍 일어난다는 사실을 명심하고, 일찍 일어나는 사람으로 변화를 추구하자.

둘째. 반드시 도서관에 가라.

주말의 낮 시간에는 집에 있으면, 이런 저런 이유로 절대 책에 집중할 수 없게 된다. 특히 가족이 있는 경우는 더욱 더 그렇다. 새벽에 일찍 일어나 책을 읽은 사람의 경우에는 잠이 쏟아 질 수도 있다. 이 때 집에 있으면, 자기도 모르게 침대에 가서 눕게 된다. 그렇게 되면, 온종일 잠에서 벗어날 수 없다. 그렇기 때문에 반드시 도서관으로 피신을 해야 한다.

도서관에 가면, 설사 잠이 온다 해도, 한 시간 정도 엎드려서 자면, 다시 원기 회복이 된다. 하지만 도서관에 가야 하는 이유가 이것뿐만이 아니라, 아무리 집에 책이 많다고 해도, 도서관보다 많을 수가 없다. 도서관에 있는 책을 다 읽겠다는 생각으로 도서관에 가는 것이다. 그러한 각오로 가서, 도서관에 앉아 있으면, 책을 읽지 않고서는 참지 못 하게 된다.

셋째. 반드시 밤 10시까지 도서관을 사수하라.

주말의 새벽과 낮 시간을 정말로 알차게 보냈다면, 가장 큰 문제가 주말 저녁이다. 주말 저녁이야말로 우리가 낭비하기 가장 쉬운 시간대이다. 특별한 볼일도 없으면서, 그저 주말 저녁을 낭비한다. 그러므로, 주말 저녁에는 밤 10시까지 도서관을 지켜야 한다. 도서관에 죽치고 있으면, 결국 책을 읽게 된다.

처음에는 힘들지만, 습관이 되면, 이것보다 더 신나는 일은 없다는 것을 알게 된다. 무엇을 하든 처음 시작은 매우 어렵고 두렵기까지 한 것이다. 하지만 시작이 어려운 법이지, 일단 시작해 놓고 보면, 별것이 아니라는 생각을 하게 된다. 그렇기 때문에 주말 시간을 제대로 보내는 일도 일단 시작해 보자. 일단 도서관에 가보고, 새벽에 일어나 보자. 인생이 달라지는 느낌을 얻게 될 것이고, 실제로 인생이 달라질 것이다.

시간은 삶이고, 삶은 곧 시간이다. 100억 원을 준다 해도, 우리는 단 한 시간도 살 수 없고 만들 수 없다는 사실은 너무나 잘 알고 있지만, 아무 쓸모 없는 일만 하며 시간을 낭비하고 있는 경우가 너무 많다. 이제 낭비하는 시간을 발견하고, 찾아내서 끊어 버리고, 유익한 일에 그 시간을 활용하는 현명한 사람이 되어 보자. 필자도 그렇고, 당신도 그렇다.

15대 4의 법칙(15:4 Rule)을 활용하라.

'15대 4의 법칙'이란 시작하기 전에 15분 동안 무엇을 할 것인지 생각하면, 나중에 4시간을 절약할 수 있다는 법칙이다. 시간의 낭비를 막고자 노력한다면 무조건 열심히 일하는 것보다 미리 계획을 세우고, 무엇을 할 것인지를 명확하게 정한 후 일을 하는 것이 매우 중요할 것 같다. 이 법칙은 무조건 열심히 하지만, 따지고 보면 시간 낭비가 많은 이들에게 매우 유용한 법칙이라고 할 수 있다.

" 15:4의 법칙은 시작하기 전에 15분 동안 무엇을 할 것인지 생각하면 나중에 4시간을 절약할 수 있다는 법칙, 유래: 미국의 작가인 제임스 보트킨이 성공한 사람들의 시간 사용 패턴을 분석하는 과정에서 정립한 것이다. "
<출처: SERI CEO 콘텐츠팀, [수중혜(내 손 안의 지식 은장도)], 삼성경제연구소, 2009.08, 65쪽 >

이 법칙은 미국의 작가 제임스 보트킨(James Botkin)이 성공한 사람들의 시간 사용 패턴을 분석하면서, 그 과

정에서 정립한 것이다. 어떻게 생각하면 정말 놀라운 법칙이 아닐 수 없다. 어리석은 사람과 현명한 사람이 차이나 나는 것은 따지고 보면 능력의 차이가 아니라, 이러한 보이지 않는 사고와 지혜의 차이인 듯싶다. 이 법칙을 보고 있으면, 생각나는 인물들이 한 둘이 아니다. 시간 관리의 대가인 벤저민 프랭클린과 효율적인 시간 관리의 비법을 말해주는 명언을 남긴 링컨이 일단 먼저 생각나는 인물들이다.

벤저민 프랭클린은 시간 관리와 자기관리로 200여 년간 '자기 계발의 대명사'가 되었다. 정규 교육은 2년 밖에 받지 못했지만, 부단한 자기 계발과 독학으로 미국 건국의 아버지 중 한 명이 되었고, 그의 자서전은 미국에서 성경 다음으로 많이 읽힌 책이 되었다.

" 그대는 인생을 사랑하는가? 그렇다면 시간을 낭비하지 마라.

왜냐하면, 시간은 인생을 구성하는 재료이기 때문이다. 똑같이 출발했는데, 세월이 지난

뒤에 보면 어떤 이는 뛰어나고 어떤 이는 낙오되어 있다. 이 두 사람의 거리는 좀처럼

가까워질 수 없게 되어 버렸다.

이것은 하루하루 주어진 자신의 시간을 잘 이용했느냐, 허송했느냐에 달려 있다. "

    < 출처: 벤저민 프랭클린, [벤저민 프랭클린 자서전], 9쪽 >

프랭클린 코비 사의 최고 경영자인 우리 시대 최고의 시간 관리 전문가로 유명한 하이럼 스미스(Hyum W. Smith)는 자신의 저서인 [성공하는 시간 관리와 인생 관리를 위한 10가지 자연 법칙] (김영사, 1998.10)에서 철저한 시간 관리를 강조한 바 있다. 우리를 그의 방법을 배워서 낭비하는 시간을 찾아 없애야 할 것 같다.

그는 자신의 이 책에서 시간을 낭비하게 요소를 시간 도둑이라고 말하면서, 5가지의 시간 도둑에 대해 말한다.

" 다양한 직업과 부류의 사람들의 응답을 모은 결과, 가장 많이 거론되는 시간도둑의 순위는 다음과 같다.

1. 방해에 의한 중단.

2. 뒤로 미루기.

3. 우선순위의 변경.

4. 엉성한 계획.

5. 대답 기다리기. "

<출처: 하이럼 스미스, [성공하는 시간 관리와 인생 관리를 위한 10가지 자연법칙] (김영사, 1998.10, 55쪽>

이러한 시간 도둑들에 대해서 설명과 함께 여러 가지 해법을 그는 제시한다. 이 중에서 미루기를 극복하는 방법을 몇 가지를 제안한다.

" - 데드라인을 정하라. 데드라인을 정하면 없을 때와 비교해서 긴박감을 만들어낼 수 있다.

- 싫은 것부터 먼저 처리하라. 그렇게 하면, 갈수록 기분 좋은 일이 기다리고 있다는 기대를 할 수 있고, 긍정적인 기분으로 그날을 마감할 수 있다.

- 게임하듯 하라. 고역을 즐거움으로 바꾸는 효과적인 방법이다.

- 스스로에게 상을 주어라. 일을 빨리 완수하고자 하는 유인책이 된다. "

<출처: 하이럼 스미스, [성공하는 시간 관리와 인생 관리를 위한 10가지 자연법칙] (김영사, 1998.10, 75쪽 >

 특히 일이 엄청나 보여서 미루게 되는 경우나 시도조차 하지 못할 경우에는 헨리 포드의 충고를 받아들이라고 말한다.

 " 일을 미루는 또 다른 이유에는 일이 너무나 엄청나 보이기 때문일 경우가 있다. 일의   크기나 기한, 또는 복잡성이 부담이 가는 것이다. ... 그러나 아무리 엄청난 일이라도 헨   리 포드의 충고를 받아들인다면 그래도 덜 압도당할 것이다.

 '일을 잘게 나눈다면 특별히 어려운 일이란 없다. '
 "

<출처: 하이럼 스미스, [성공하는 시간 관리와 인생 관리를 위한 10가지 자연법칙] (김   영사, 1998.10, 55쪽 >

" 시간은 돈과 같다. 하루 24시간 하루를 24억 원과 비교해 보자. 1시간은 1억 원이다. 10분은 1,500만 원의 가치가 있다. 누구든지 자기 은행 계좌에서 도둑이 돈을 빼간다면 매우 화가 날 것이다. 그러나 시간 도둑(잡담, TV, 불필요한 시간들이기 등등)이 와서 자기 시간을 빼앗는 것에 대해서는 눈 하나 깜짝하지 않는다."

<출처: 하이럼 스미스, [성공하는 시간 관리와 인생 관리를 위한 10가지 자연법칙] (김영사, 1998.10, 제1법칙, 시간 도둑 중에서 >

그리고 또한 그는 시간 낭비의 주범이 바로 엉성한 계획이라고 지목했다. 오래전부터 잘 알고 있는 격언 중 하나인 " 계획에 실패하면 실패를 계획하는 것이다."라고 말했는데, 이것은 실패를 계획할 뿐만 아니라, 너무나 많은 시간 낭비를 계획하는 것이라 할 수 있다. 바로 이런 성질의 말을 한 사람이 링컨이다. 시간 관리의 비법을 알려 주는 명언을 남긴 링컨의 명언은 무엇일까?

" 장작을 패는 데 쓸 수 있는 시간이 8시간이라면 나는 그중 6시간을 도끼날 세우는 데 쓸 것이다. "

그는 15대 4의 법칙보다 더 심하다. 8시간 중에 무려 6시간을 도끼날을 세우는 데, 즉 준비 작업에 사용하겠다는 것이다. 과연 이것이 효과적일까? 15대 4의 법칙은 어느 정도 수긍이 간다. 하지만 링컨의 말에 대해서는 독자들은 어떻게 생각하는가? 장작 패는 데 8시간이 주어졌다면, 아무리 못 해도, 6시간은 장작을 패야 하지 않을까? 하지만 이런 필자의 단순한 생각은 잘못된 생각이라는 사실을 깨닫게 되었다.

위대한 성공을 거두는 위인들은 먼저 큰 그림을 그리고, 계획을 세운 후에 일에 착수한다. 하지만 보통 사람들은 그런 과정을 생략하거나, 축소한 후에 큰 그림을 그리지 않고, 눈앞의 일만 열심히 하는 경향이 있다. 결국 성공을 하고, 빨리하는 사람은 전자가 된다. 이것은 시간의 낭비뿐만 아니라, 인생의 낭비도 예방할 수 있는 방법이다. 큰 그림을 보자. 멀리 내다보자. 그것이 시간과 인생의 낭비를 막는 지름길이다.

3년 독서의 법칙을 실천하여 성공하기 위해서는 가장 중요한 것이 시간 확보이다. 그리고 그것은 낭비되는 시간을 찾아서, 유용하게 사용할 수 있어야 가능하다. 무조건 빡빡하게 계획을 세우고, 그것을 실행하는 것보다 먼저 큰 그림을 그리고, 15분 동안 어떤 책을 어떻게 읽을 것이며 어디서 읽을 것인지를 생각한다면, 4시간의 시간 낭비를 줄일 수 있게 될 것이다.

판권

종이책 : 값 11,000 원

초판 인쇄: 2025년 11월 20일
초판 발행: 2025년 11월 20일

지은이: 김병완
발행인: 플랫폼연구소

출판등록: 제 2020-000075호

전화: 010-3920-6036 / 02-556-6036
이메일: pflab2020@naver.com

주소:서울시 강남구 삼성동 116 백우빌딩 402호

ISBN 979-11-91396-80-5(03190)

* 이 책의 전부 또는 일부 내용을 재사용하시려면 사전에 저작권자와 도서출판 (주) 플랫폼연구소의 동의를 받아야 합니다.

* 잘못된 책은 구입하신 서점에서 교환하여 드립니다.